VENTE DES 8 ET 9 DÉCEMBRE 1910

COLLECTION A. DE R.

EX-LIBRIS FRANÇAIS HÉRALDIQUES

DU

XVIe AU XVIIIe SIÈCLE

TROISIÈME PARTIE

PARIS
EM. PAUL ET FILS ET GUILLEMIN
Libraires de la Bibliothèque Nationale
28, RUE DES BONS-ENFANTS, 28

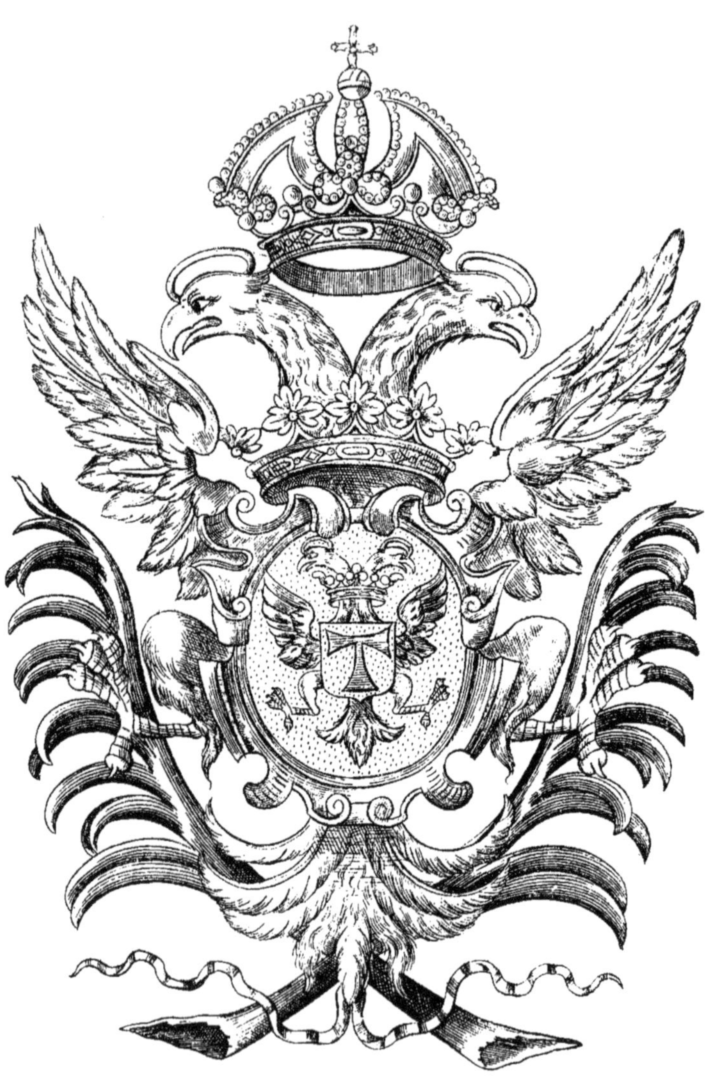

N° 1117 du Catalogue.

COLLECTION A. de R.

EX-LIBRIS FRANÇAIS

TROISIÈME PARTIE

LA VENTE AURA LIEU

Les Jeudi 8 et Vendredi 9 Décembre 1910

A DEUX HEURES PRÉCISES DU SOIR

Dans les Salles de Ventes aux Enchères

DE LA LIBRAIRIE ÉM. PAUL ET FILS ET GUILLEMIN

28, rue des Bons-Enfants, 28 (Anciennes Maisons Silvestre et Labitte)

SALLE N° 1

Par le ministère de **Me ANDRÉ DESVOUGES**, Commissaire-Priseur

26, RUE DE LA GRANGE-BATELIÈRE, 26

Assisté de **MM. ÉM. PAUL ET FILS ET GUILLEMIN**, Libraires-Experts

28, RUE DES BONS-ENFANTS, 28

EXPOSITION PARTICULIÈRE

Les Mardi 6 et Mercredi 7 Décembre 1910

28, RUE DES BONS-ENFANTS, 28

De 3 heures à 5 heures

ORDRE DES VACATIONS

		Numéros
Première Vacation. —	*Jeudi 8 Décembre 1910*......	1098 à 1326
Deuxième Vacation. —	*Vendredi 9 Décembre 1910*......	869 à 1097

CONDITIONS DE LA VENTE

La vente se fait expressément au comptant.

Les acquéreurs paieront 10 pour cent en sus des enchères.

Les Experts chargés de la vente rempliront, aux conditions d'usage, les commissions des personnes qui ne pourraient y assister.

COLLECTION A. DE R.

EX-LIBRIS FRANÇAIS

HÉRALDIQUES

DES XVIe, XVIIe ET XVIIIe SIÈCLES

TROISIÈME PARTIE

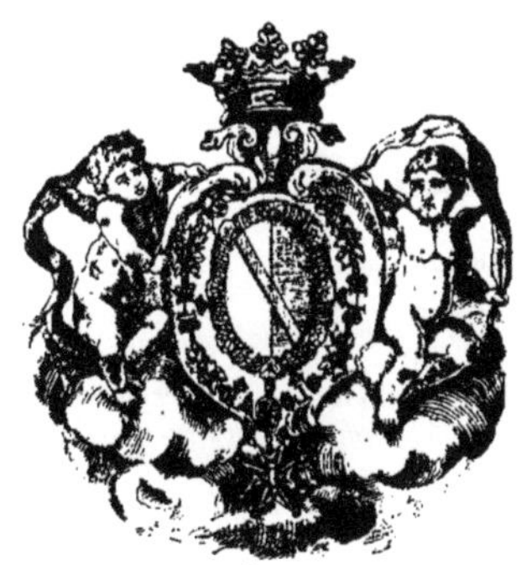

N° 1272 du Catalogue.

PARIS
EM. PAUL ET FILS ET GUILLEMIN
Libraires de la Bibliothèque Nationale
28, RUE DES BONS-ENFANTS, 28

1910

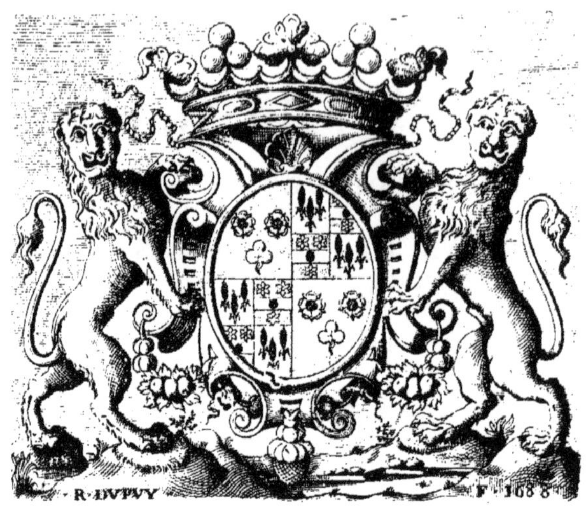

N° 907 du Catalogue.

Le classement adopté par le possesseur de cette collection a été scrupuleusement conservé pour permettre de la présenter telle qu'elle se trouvait dans ses cartons. — La plupart des pièces qui la composent sont accompagnées de notices historiques, généalogiques ou héraldiques, du plus grand intérêt, écrites sur les feuillets de bristol portant les ex-libris.

XVIe SIECLE

869. **Dacquet** : petit in-8.

Cette pièce a été exécutée, d'après Poulet-Malassis, entre les années 1575 et 1600.

Un nom manuscrit couvrant en partie celui du titulaire.

870. (**Daffis**) (Jean), évêque de Lombez ; gr. sur bois (*XVIe siècle*).

Cette pièce porte la *signature autographe* du titulaire.

871. (**Doroz**) (Jean), célèbre bénédictin, né à Poligny (Jura), vers 1537 ; pièce gr. sur bois, *datée de 1589* et tirée au verso d'un titre d'un volume de 1524.

Pièce fort rare, dont on ne connaîtrait que deux exemplaires.
Voir : J.-B. Mercier, *Ex libris Franc-Comtois*, n° 217.

XVIIe SIECLE

BOURGOGNE

872. **Cazotte** (Claude-Pierre) ; in-8.

873. (**Chastellux**) (de), par *C. Bérain* : in-18.

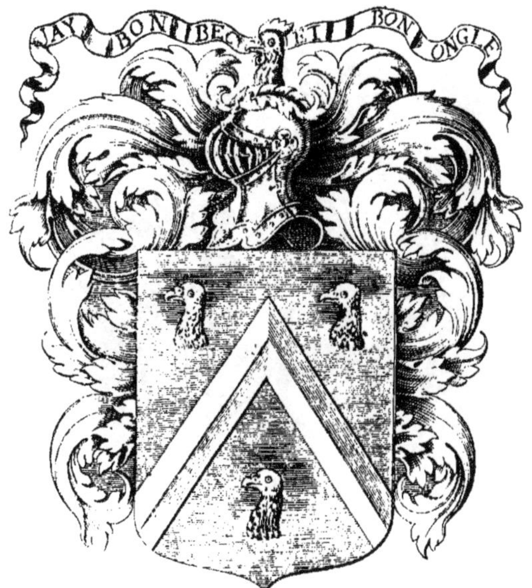

N° 879 du Catalogue.

874. (**Cochet de Saint-Vallier**) (Melchior), conseiller au Parlement : petit in-8.

Épreuve portant le nom et les titres du titulaire écrits par lui-même.

875. **Févret** (B.-C.-C.), écuyer, seigneur de Bligny, gr. par *C. P.* — (Févret de Saint-Mesmin). — Benigne-Charles Févret de Saint-Mesmin. — Ensemble 3 pièces.

876. (**Fyot de la Marche**), in-8.

877. (**Godran**), gr. par *Roger*. — Collège des Godrans, à Dijon,

gr. par (*L. Monnier*) ; 2 variantes in-12 et grand in-8. — Ensemble 3 pièces.

878. (**Longepierre**) (Hilaire-Bernard de Roqueleyne, baron de) ; in-16 de forme ronde.

Rare.

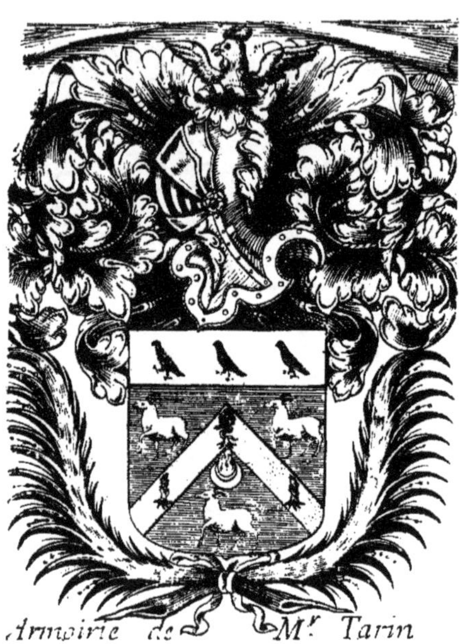

N° 881 du Catalogue.

879. (**Macheco de Prémeaux**) ; in-4.

Pièce très rare.

880. (**Taisand**) (Pierre), conseiller du Roi, trésorier de la généralité de Bourgogne et Bresse, gr. par *Le Bossu*.

881. **Tarin** ; in-8.

Très rare.

Pièce toute différente des deux décrites dans les *Ex-libris Bourguignons* de M. Léon Quantin.

882. **Tarin**. — 2 variantes in-12 (anonyme) et petit in-4.
On a ajouté une épreuve très détériorée, aux mêmes armes que le nº 881, mais de format plus petit.

883. (**Villedieu de Torcy**) (de); petit in-4 en largeur.
Rare.

BRETAGNE

884. (**Du Refuge**), gr. par *C. Bérain*; in-16.

Nº 892 du Catalogue.

885. (**Lesguen de Kerbizien**) (de).
Très rare.

886. (**Rieux**) (René de), évêque de Léon, mort en 1651; in-4.

DAUPHINÉ

887. (**Du Mottet**). — 2 pièces différentes (*rares*).

888. **Lionne** (de), (marquis de Claveson); in-8.

889. (**Marnais de Beauvais**) (Pierre de), trésorier-général des finances de la province de Dauphiné.
Epreuve à toutes marges.

890. (**Menon du Plessis-Turbilly**) (de); in-4.

891. (**Pourroy de l'Auberivière**, comte de Quinsonas) (Aymar de), président à mortier au parlement de Grenoble : 2 variantes in-12 et petit in-4. — (Marc-Joseph de Pourroy de Quinsonas).

président à mortier au Parlement de Grenoble. — Ensemble 3 pièces.

892. (**Rochefort**) (le marquis de) ; in-8 en largeur.

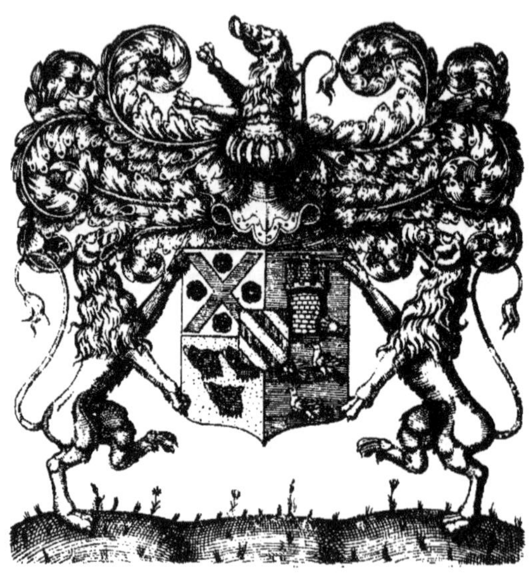

N° 896 du Catalogue.

893. (**Salvaing de Boissieu**) (Denis de), premier président à la Cour des comptes de Grenoble, gr. par (*Jean Picart ?*).

Rare.

894. (**Salvaing de Boissieu**) (Denis de), gr. par *L. Spirinx* ; in-4 en largeur.

Très rare.

895. (**Salvaing de Boissieu**) (Denis de) ; in-fol.

Cette pièce représente Aymon de Salvaing, seigneur de Boissieu, surnommé *le Chevallier hardy*, 1505. — Rare.

896. (**Veynes**) (Claude de), seigneur du Prayet.

Très rare.

897. (**Yse de Saléon**) ; petit in-4 en largeur.

898. (**Yse de Rosans de Saléon**) (Jacques), président à mortier au Parlement de Grenoble; in-8 ovale en largeur.

Très rare.
Belle épreuve à toutes marges.

GASCOGNE.

899. (**Mascaron**) (Jules), prêtre de l'Oratoire, évêque de Tulle, puis d'Agen, célèbre prédicateur.

Rare.

900. (**Vic**) (Dominique de), abbé du Pec, plus tard archevêque d'Auch; in-4.

Très rare.
Superbe épreuve à toutes marges.

ILE-DE-FRANCE.

901. **Bignon** (Jérôme, IIe du nom); grand in-4.

Belle et rare pièce.
Légère cassure; deux petites taches.

902. (**Broé**)-**Le Cocq**, conseiller au Parlement.

Le nom de Le Cocq figure seul sur cet ex-libris, mais les armes sont celles de sa mère Anne de Broé.

903. **Despont** (Philippe), prêtre à Paris, gr. par *Ladame*, en 1682; grand in-4, avec portrait.

Rare.

904. (**Le Jay de Tilly**) (Nicolas), garde des sceaux; grand in-8.

Très rare.

905. **Le Tellier** (Charles-Maurice), archevêque de Reims, gr. par *J. Blocquet*, 1672.

Très belle épreuve à toutes marges.

906 (**Levesque de Gravelle**); in-16.

Petite pièce rare.

907. (**L'Hoste de Beaulieu**) (Ant.-Léonor de), gr. par *R. Dupuy*, 1688; petit in-4 en largeur.

Très rare.
Légère restauration à l'un des angles supérieurs.
Voir la reproduction à la première page du texte.

908. (**Maupas**) (de) ; in-16.
Rare.

909. **Menin** (Nicolas), conseiller du Roi ; grand in-4.
Très belle pièce.

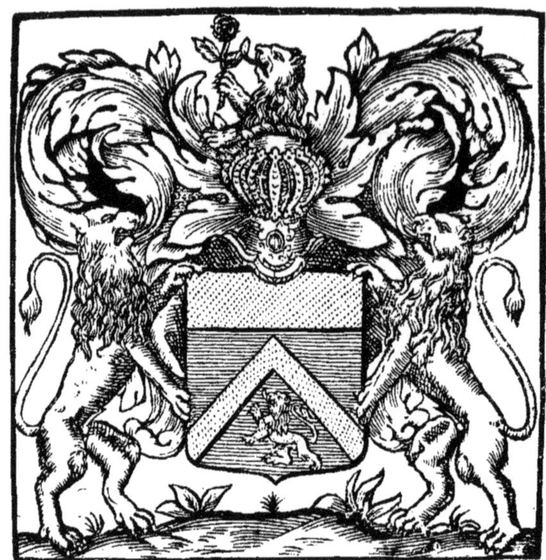

N° 915 du Catalogue.

910. **Menin** (Nicolas), conseiller du Roi ; 1740 ; grand in-4.
Superbe épreuve à toutes marges de cette pièce entièrement différente de la précédente.

911. **Placide de Sainte-Hélène** (le R. P.), augustin déchaussé, géographe du Roi, né à Paris en 1643, gr. par (*N. Guérard*).
Curieuse et très rare pièce.
Epreuve très rognée.

912. (**Robert de la Fortelle**). — 2 variantes, dont une petit in-4 par *Briot*.
Cette pièce a été attribuée à *Sarrau* par Poulet-Malassis, mais Sarrau porte *de sable* au lieu *d'azur*.

LORRAINE

913. (**Custine**) (Théodore de), gr. par *C. Bérain*; in-16.
Très rare.

914. **Feriet** (de).
A. de Mahuet et Edm. des Robert, p. 113.

LYONNAIS ET FOREZ

915. (**Bottu de la Barmondière de Saint-Fonds**) (François), lieutenant particulier au bailliage de Villefranche; gr. sur bois.
Rare.

916. (**Cachet de Montézan**) (Benoît), premier président au Parlement de Dombes, prévôt des marchands de Lyon.
Epreuve à toutes marges. — Rare.

917. (**Chateauneuf de Rochebonne**) (Jean-Christophe de), prévôt de Saint-Jean de Lyon.

918. (**Des Hayes**) (Nicolas-Joseph). — 2 variantes grand in-8, dont l'une avec le nom manuscrit du titulaire.

919. **Du Peyrat**, gr. par (*Jean Picart*).
Très rare.

920. (**Du Puy**), gr. par *Audran*; grand in-4.
Très rare. — *Voir la reproduction à la page suivante.*

921. **Grimod** (**de la Reynière**) (Antoine), secrétaire du Roi et fermier général, grand-père du célèbre gastronome.
Rare.
Voir le N° 1214.

922. **Maridat** (Pierre de), conseiller au Grand Conseil — 2 variantes in-12 et in-8.
Epreuves coloriées (et non lavées, comme on les rencontre ordinairement).

923. **Menestrier** (le P. Claude-François), le célèbre héraldiste et historien de Lyon; in-12 en largeur.
Etiquette typographiée. — Rare.

924. (**Meygret**) (de?) — 3 variantes, dont une très rare.

925. **Michel** (Pierre), conseiller au présidial de Bourg-en-Bresse, gr. par *D.*

926. (**Montchanin**) (Charles de), seigneur du Charnay, avocat en Parlement ; in-8.

Cet ex-libris, rare, est le second de ceux décrits dans l'*Armorial des Bibliophiles du Lyonnais* (p. 426).

927. **Paterin** (ou Patarin), gr. par (*Jean Picart*).

Superbe épreuve, à toutes marges, d'une pièce rarissime, non citée dans l'*Armorial des Bibliophiles du Lyonnais*.

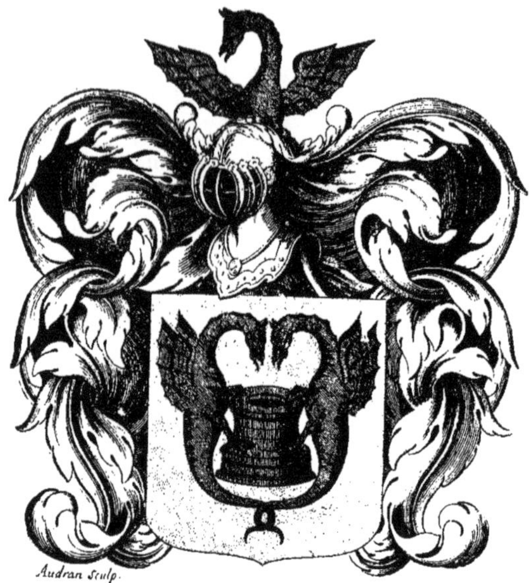

N° 920 du Catalogue.

928. **Pauliny** (François), échevin de Lyon.

Rare.

929. (**Perrin**), gr. par *J. Beaudeau* ; grand in-8.

Pièce très rare non citée dans l'*Armorial des Bibliophiles du Lyonnais*.

930. (**Philibert de Chamousset**).

Pièce non citée, de la plus grande rareté, reproduite à la page suivante.

931. (**Pures**) (Jacques II de), seigneur de Champfray et de Pravieux ; in-4.

Superbe épreuve à toutes marges.

932. (**Ravachol.**)

933. **Roman de Rives**; in-8.

Ex-libris de Jean-François Roman de Rives, chanoine de l'abbaye de l'Isle-Barbe.

934. (**Royraud du Villard**), gr. par *Guill. du Vivier*; grand in-8.

Belle pièce. — Rare.

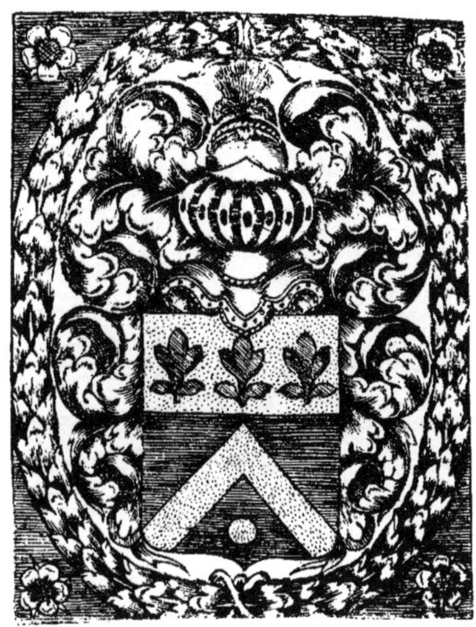

N° 930 du Catalogue

935. (**Sarron**) (de); in-12 en largeur.

Très rare.
Voir la reproduction à la page 18.

936. **Talaru** (*De gueules, à l'aigle d'argent*, accolé de); in-4.

Très belle pièce; petite déchirure à l'un des angles inférieurs.

NORMANDIE

937. (**Baillard des Cours**), conseiller au Parlement de Rouen, gr. par *R. H.*

Cette épreuve porte la légende manuscrite suivante: *De la bibliothèque de*

M^r l'abbé Descours, conseiller au Parlement, chanoine de Lisieux, rue du Balliage à Rouen.

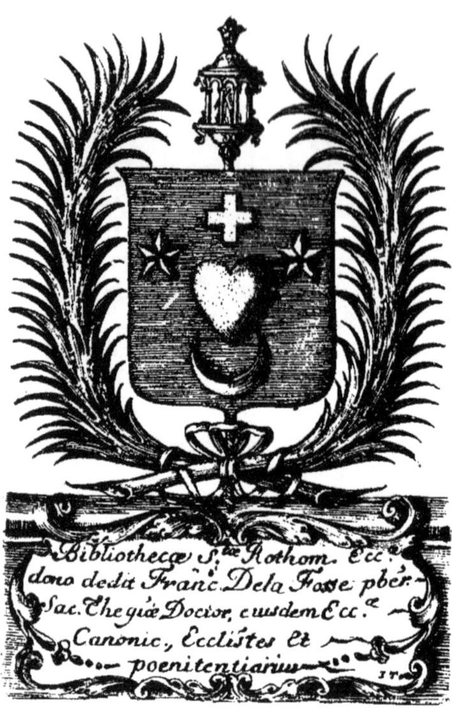

N° 959 du Catalogue.

938. **Hallé** (Barthélemy), prêtre à Rouen, gr. par *M. P.*; grand in-4.

Belle et rare pièce.
Deux petites restaurations.

939. **La Fosse** (François de), (don à la Bibliothèque de l'église de Rouen), gr. par *J. Toustain*; in-8.

Très rare.

PICARDIE.

940. **Amiens** (Chanoines de Saint-Jean d'), gr. par *D. F.*, 1684 ; in-12 en largeur.

941. **Amiens** (Chanoines de Saint-Jean d') ; petit in-4.

PROVINCES DIVERSES.

942. **Anonyme**. (*D'argent, au chevron de gueules accompagné de 3 étoiles de...*) ; in-8.

Epreuves à toutes marges.

943. **Anonyme**. (*D'azur, à l'aigle de.... au chef d'argent chargé de 3 trèfles de...*).

Epreuve à toutes marges.

944. **Anonyme**. (*D'azur, au chevron d'argent accompagné en chef de 2 roses et en pointe d'une cigogne, ou grue*).

945. **Anonyme**. (*D'azur, à 3 mains d'argent mouvant de nuées, entrelacées au centre de l'écu et tenant un bouquet de fleurs et de fruits, ou une corne d'abondance ?*) in-16.

946. **Anonyme**. (*De gueules, à un dextrochère tenant une épée autour de laquelle s'enroule un serpent ; au chef d'azur chargé de 3 étoiles d'or*) ; in-18.

947. **Anonyme**. (*D'hermine, à la bordure d'azur chargée de 10 besants d'or*).

Epreuve à toutes marges.

948. **Anonyme**. (*D'or, à 2 faisceaux de licteurs de sable, posés en sautoir ; au chef de sable chargé de 2 palmes d'or en sautoir*) ; avec les initiales : *A. N. J. V. D. A. L* ; in-8.

949. **Anonyme**. (*D'or, à 2 pattes de lion de sable, au chef d'azur chargé d'un croissant d'argent accosté de 2 étoiles d'or*) ; in-4.

Epreuve à toutes marges.

950. **Anonyme**. (*Ecartelé... Sur le tout, parti : au 1 d'argent, au lion de gueules ; au 2 palé d'or et de gueules*), avec les devises : *His ducibus omnia domantur* et *Toirace Clypeo* ; gr. par *Beaudeau* ; grand in-4.

951. **Anonyme**. (*Un Agneau pascal* dans un écu accompagné de deux crosses et surmonté d'un Saint Jean-Baptiste) ; in-8 carré.

952. (**Delamothe**), en Champagne.

Epreuve rognée.

953. **Gravel** (Robert de), seigneur de Marly et de Voivre; in-8.

954. **Lelong** (Claude-René), conseiller du Roi.

Epreuve à toutes marges.

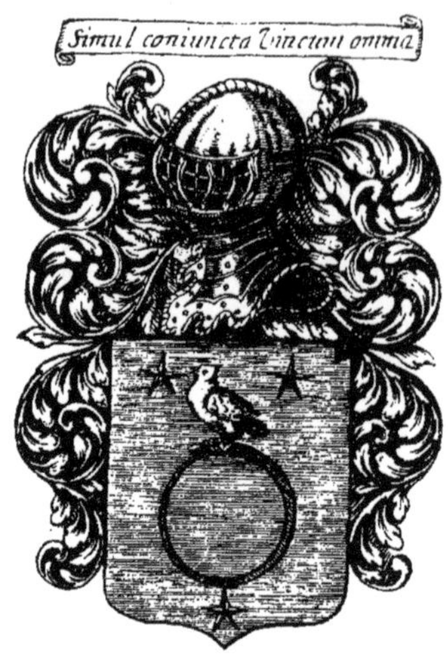

N° 959 du Catalogue.

955. (**Le Masle**) (Michel), abbé des Roches, secrétaire de Richelieu.

956. **Le Pottier de la Hestroy** (Jean), escuyer.

957. (**Le Prevost de Basserode**), en Flandre : petit in-4.

Très rare.

958. **Liébaux** (Jean).

Curieuse pièce, rare.

959. **Mallet** (P.), docteur ès droits.

Très rare.

960. (**Marolles**) (Michel de), abbé de Villeloin, célèbre érudit né à Marolles, en Touraine; petit in-4.

Rare.

961. **Maulnorry** (en Nivernais), gr. par (*Jean Picart*).

Superbe épreuve à toutes marges.

962. **Ménage** (Gilles), célèbre érudit, né à Angers ; 1692.

963. **Aubret** (Louis). — (Févret de Saint-Mesmin). — Jean Geoffroy. — (Jolyclerc), — de La Haye des Fossés. — (Le Gendre de Saint-Aubin) ; 2 variantes, dont une gr. par *P. Giffart*. — Nicolas de Tralage.— (Vacher). — Trois Anonymes. — Ensemble 12 pièces.

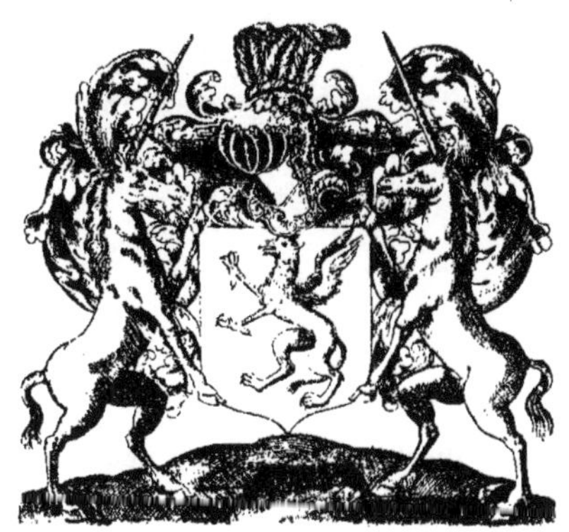

N° 935 du Catalogue.

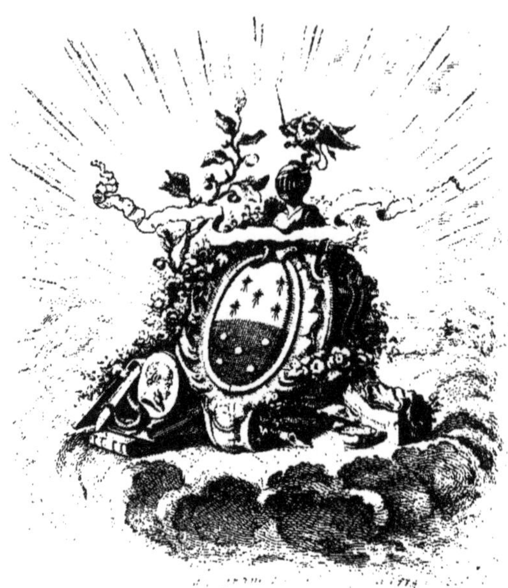

N° 1304 du Catalogue.

XVIIIe SIÈCLE

ALSACE

964. **Risler** (Josué), à Mulhouse.

965. (**Rohan**) (le Cardinal Louis-Constantin de), évèque et prince de Strasbourg. — 5 variantes grand in-4, dont trois gr. par *J. Striedbeck* et deux par *J.-M. Weis*, 1736 et 1737.

Très beaux ex-libris ou blasons de dédicaces ?

966. **Sucy** (C.-L. de), capitaine au régiment de Champagne, gr. par *Allin* : in-8.

Le nom du titulaire est légèrement maculé.

ARTOIS

967. **Boulongne** (de), par *Nonot*.

Épreuve à toutes marges.

968. (**Cornil**), par *Nonot*.

Belle épreuve à toutes marges.

969. **Fleur**, avocat. — 2 variantes, dont une gr. par *Nonot*.

970. **Fleur**, prêtre, gr. par *Nonot*.

971. (**Le Josne de Contoy**), gr. par *Nonot*.

972. (**Le Venant d'Yvergny**), gr. par *Nonot*.

Légère déchirure en marge.

BOURGOGNE

973. **Anonyme**. (*D'azur, à la fasce d'argent chargée d'une quintefeuille de gueules, accompagnée en chef d'un bœuf passant couronné et en pointe de 3 bandes d'or*), avec la devise : *Suam legem fecit Equitas, suum columen est vis*, gr. par *Monnier*.

Très belle épreuve à toutes marges de cette jolie et rare pièce.

974. **Bar** (Marie-Louis-Barth., comte de), lieutenant au Régiment d'Infanterie du Roy, 1776.

975. **Barolet** (François), gr. par *Doyen*.

976. (**Beaune**) (Chapitre de l'église collégiale de).

Pièce rare représentant les armes de la ville, avec la légende : *Insigniat Capituli*.
Epreuve à toutes marges.

977. **Beaune** (Chartreuse de). — 2 variantes, dont une petit in-4 gr. par *F. L.*

978. (**Beaune**) (Ville de).

Epreuve *avant la lettre* et à toutes marges.

979. (**Bernard de la Vernette Saint-Maurice**). — 5 variantes, dont une gr. par *Louise du Vivier*, 1737, et une par *J.-B. Scotin*.

980. **Blondeau** (Jean-Louis).

Rare.
Famille originaire de Salins (Franche-Comté).

981. (**Bochard de Saron**) (J.-B.-Gaspard de), par *Nonot*.

982. **Bolomier** (Joseph), gr. par *J. H.*, 1740.

983. **Bonnard**. — 2 variantes.

984. (**Bordes**) (Jean-Pierre-Louis de).

985. (**Bossuet**). — 3 variantes, dont une in-8 en largeur *très rare*.

986. **Bouheret** (Jean-Louis), avocat à Autun.

987. **Bouillet** (B.-G.-E.); 2 variantes. — J.-B.-Ant. Bouillet d'Arlod. — J.-B.-Ant. Bouillet du Cry. — Ensemble 4 pièces.

988. (**Bouton de Chamilly**) : in-4 en largeur.

Rare.

989. **Brosses** (Charles de), président au Parlement de Bourgogne; 3 variantes dont une gr. par *A. Aveline* et deux gr. par *Durand*. — (de Brosses); 2 variantes. — Ensemble 5 pièces.

990. (**Brunet d'Evry**); petit in-8.

991. (**Bullion**) (de). — Le Marquis (de Bullion) d'Attilly. — Ensemble 2 pièces.

992. (**Chanrenault**) (Jacques de); in-12 en largeur (*rare*). — Jacques-Antoine de Chanrenault, de Dijon, gr. par *Monnier*. — Ensemble 2 pièces.

993. **Charbonnier de la Tour** (F.-M. de).

994. (**Chartraire**.)

Premier des états décrits par M. L. Quantin (*Ex-libris Bourguignons*, p. 17).

995. **Chiquet de Champ-Renard**, gr. par *Mlle Fonbonne*.

996. **Clermont-Tonnerre** (J.-L.-Ainard de), abbé de Luxeuil, gr. par *Durand*.

997. **Comeau de Satenot** (Antoine-Bernard), gr. par *Maurisel*.

Rare.

998. **Convers** (Pierre-Antoine), de Laon, gr. par *L. Monnier*, à Dijon, 1762.

999. (**Cortois**). — 2 variantes, dont une gr. par *Michon*.

1000. (**Dauphin**), Mâconnois, gr. par *D*. — 2 variantes.

Epreuves à toutes marges.

1001. (**Delay de la Garde**) (François-Pierre du) : in-12 de forme ronde.

1002. **Demarron** (Fr.-Alex.).
Très rare.

1003. (**Deschamps**) **de la Villeneuve**.
Épreuves à toutes marges ; très rare.

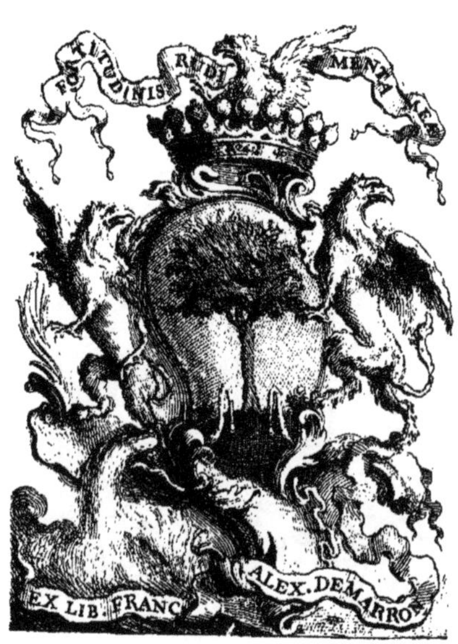

N° 1002 du Catalogue.

1004. **Douglas** (Louis-Archambaud), par *L. Monnier*. — Louis-Archambaud Douglas, comte de Montréal ; 2 variantes (d'après *L. Monnier*). — Ensemble 3 pièces in-8.

1005. **Durey de Noinville** ; 2 variantes, dont une anonyme *très rare*. — (Durey de Sauroy). — Ensemble 3 pièces.

1006. **Estienne** (Daniel), conseiller, gr. par (*L. Monnier*).
Rare.

1007. **Faitot** (Joseph), frère prêcheur, à Dijon.

1008. **Fardel** (Bénigne), président à la Chambre des Requêtes du Parlement de Bourgogne ; in-8.
Rare.

1009. (**Fargès de Polisy**) (François-Marie de) ; ovale en largeur.

Belle épreuve à toutes marges. — Rare.

1010. (**Faultrier**) (Jean-Claude-Joachim de), maréchal de camp.

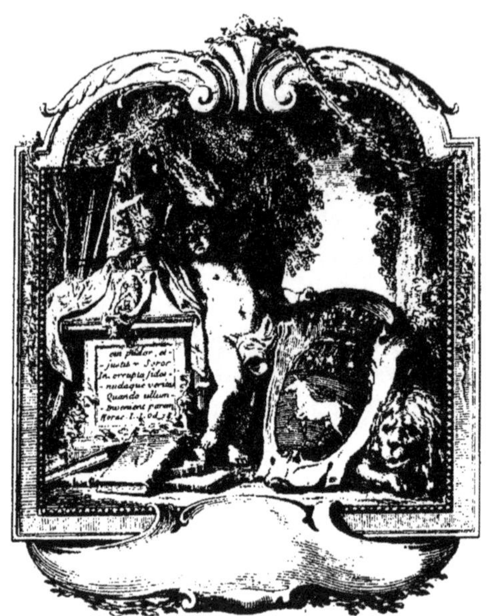

N° 1013 du Catalogue.

1011. **Faultrières** (Michel, comte de), exempt des Gardes du Corps, lieutenant du Roy de la province de Charollois, gr. par *Ferrand*, 1730.

1012. **Fontenay** (Anne-Paul de), gr. par *E. Stallin*, 1751.

1013. (**Fontenay**) (A.-P. Cheval de), dessiné et gravé par (*J.-M. Moreau le jeune*, 1770) ; in-8.

Epreuve *avant la lettre*, de la plus grande rareté.

1014. **Frémiot** (Augustin), à Fribourg. 1737.

1015. **Fromageot** (l'abbé), prieur, seigneur de Goudargues, Ussel, etc.

Epreuve à toutes marges.

1016. **Ganiare de la Motte-Neuilly** (J.-B.), gr. par *Bouchy*.

1017. **Godard**. — Jacques Godard ; in-8. — Ensemble 2 pièces.

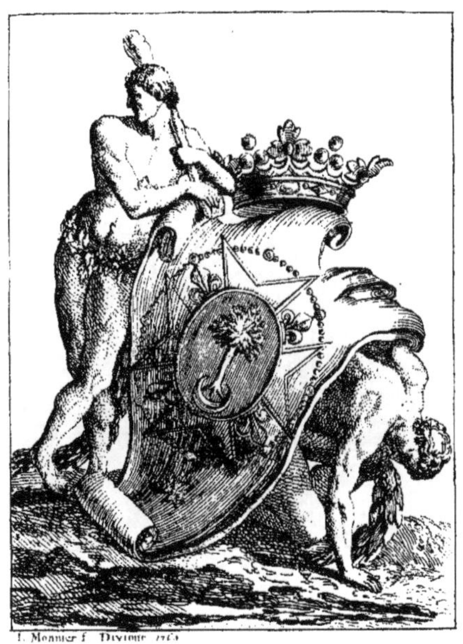

N° 1024 du Catalogue.

1018. **Gontier**, chevalier d'Auvillars ; in-8 en largeur.

1019. **Gravé** (l'abbé), prieur de Fayl-Billot, gr. *par lui-même*.

1020. **Grozelier**, gr. par (*L. Monnier*).

Légère restauration à deux des angles.

1021. **Henrion** (Camille-Henri), gr. par *Cl. Roy*. — 3 variantes.

Premier état : Ecu simple. — *Deuxième état* : Ecu écartelé. — *Troisième état* : Ecartelé avec écusson sur le tout.

1022. **Henrion** (Camille-Henri), gr. par *Cl. Roy*.

Etat très rare et non cité, avec les étoiles d'argent et sans la croix de chevalier.

Voir la reproduction à la dernière page du texte.

1023. **Jobard du Mesnil** ; in-8.

Très jolie et très rare pièce.

1024. (**Jolin**, seigneur de Villecomte), par *L. Monnier*, à Dijon. 1763.

Très rare.

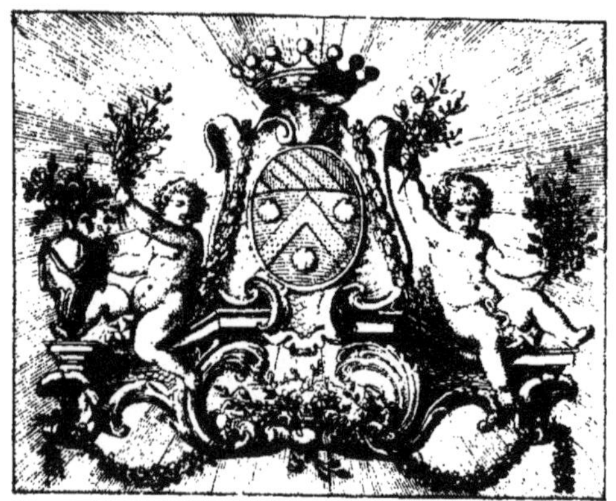

N° 1029 du Catalogue.

1025. (**Joly de Fleury**), gr. par *J. Audran* d'après *Desmaretz* ; in-8 en largeur.

1026. (**Joly de Fleury**) ; 4 variantes, *rares*. — (Joly de Bévy). — Ensemble 5 pièces.

1027. **La Michodière** (de). — 2 variantes, dont une anonyme, ovale en largeur, *très rare*.

1028. **Languet de Sivry** (Charles), gr. par *Et. Fessard* d'après *Beau fils* ; in-8.

1029. (**La Poix de Fréminville**) ; in-12 en largeur.

1030. **La Thoison** (An.-Jacques de).
Pièce très rare, reproduite à la page suivante.

1031. **Lebelin** (Claude) ; 2 variantes, dont une anonyme. — (LE BELIN) DE CHATELLENOT ; 2 variantes (XIXe siècle). — Ensemble 4 pièces.

1032. (**Le Brun**) **de Champignol** (le chevalier).
Rare.

1033. **Lemulier** (Jean-François). — Jacques-Jean-Anne LEMULIER gr. par *Durand*. — Ensemble 2 pièces

1034. **Lesage** (D. D.), gr. par (*Monnier*).
D'azur, à une fasce d'or, chargée d'une étoile de gueules, et accompagnée en chef de 2 roses d'argent et en pointe d'un croissant de même.

1035. **Lesage** (D. D.), gr. par (*Monnier*).
D'or, à une fasce de sable accompagnée de 3 trèfles de même.

1036. **Luillier-Chalendos**, gr. par *C. Baquoy*.
Epreuve tirée en bleu.

1037. **Manche** (de).
Rare.

1038. **Martenot de la Martinière**, avocat à Autun.
Très rare ; non cité dans les *Ex-libris Bourguignons*.
Epreuve à toutes marges.

1039. **Massol** (de). — 3 variantes, dont une anonyme gr. par *P. S.*

1040. **Massol de Serville** (le marquis Georges de), lieutenant-colonel de Cavalerie, gr. par *Durand* ; in-8.

1041. **Meaux** (Jean-Et. de), premier président au présidial de Mâcon. — 2 variantes in-12 et grand in-4.

1042. **Nardot**, gr. par *Durand*.
Rare. — La signature du graveur est légèrement atteinte.

1043. (**Noblet**) (Jean-Léonor de) ; in 8 ovale en largeur. — Bernard de NOBLET, comte de Chenelette, lieutenant des maréchaux de France ; 2 variantes in-8. — Ensemble 3 pièces.

1044. (**Perrin de Cypierre**), baron de Chevilly.

1045 **Perrin de Saux** (Ant.), gr. par *Guillot*; in-8.
Epreuve à toutes marges. — Rare.

1046. (**Riccé de Bereins**), accolé de Yon de Jonage.
Epreuve à toutes marges.

1047. (**Richard de Ruffey**) gr. par (*Monnier*). — 2 variantes.
Légère restauration en marge d'une pièce.

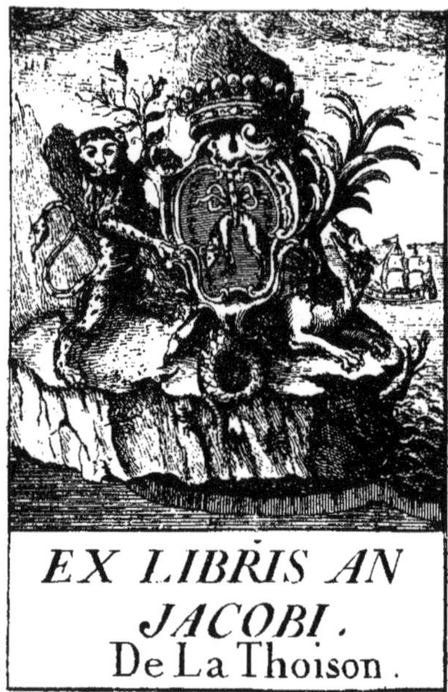

N° 1030 du Catalogue.

1048. **Routy** (F.), docteur-médecin. — J. Routy (légère restauration). — Ensemble 2 pièces.
Epreuves à toutes marges.

1049. **Ryard** (Jean-Ant.), lieutenant-général en la cour du Présidial de Chalon-sur-Saône, gr. par *C. Phelippeau.*

1050. (**Seguin d'Agencourt**), ou Seguin de Broin, par *L. Monnier*, à Dijon, 1764.
Rare.
Belle épreuve à toutes marges.

1051. **Serpilion** : in-12 en largeur.

Ex-libris à rébus (*cerf-pie-lion*).

1052. (**Suremain**) (de), gr. par *Roy*.

1053. **Thibault** (Claude), gr. par *Monnier* ; petit in-8.

1054. **Thiroux d'Arconville**, gr. par *Louise le Daulceur* d'après *H. Gravelot*. — (THIROUX DE GERSEUIL). — THIROUX DE GERVILLIER ; 2 variantes, dont une gr. par *Louise le Daulceur* d'après *H. Gravelot* — THIROUX DE MONDÉSIR ; 2 variantes. — Ensemble 6 pièces.

1055. (**Thiroux**) **de Mondésir**, maréchal de camp, gr. par *Louise le Daulceur* d'après *H. Gravelot* ; in-8.

Epreuve de toute rareté *tirée sur papier bleu* et à toutes marges.

1056. **Thomassin** (**de Montboillon**), gr. par *Durand*.

Epreuve à toutes marges. — Rare

1057. **Tournus** (Collégiale de Saint-Philibert de).

Rare.

1058. **Vacher** (Louis), prêtre à Vitteaux, gr. par *Monnier*, 1768 ; in-8.

1059. **Varenne** (**de Fenille**). — 4 variantes, dont deux anonymes et une gr. par *Durand*.

1060. **Vergennes** (Gravier de). — 2 variantes, dont une anonyme

1061. **Vernisy** (J.-M.), par *Doyen* : in-8. — Jean VERNISY, prédicateur à Dijon (dessiné à la plume). — Ensemble 2 pièces.

1062. (**Vienne**) (de). — 2 variantes in-12 et grand in-4.

1063. **André de Champcour**. — J.-B d'ANTHOINE ; 2 variantes. — P. ARCELIN, médecin. — Mme d'ARCONVILLE, gr. par *Louise le Daulceur* d'après *Ch. Eisen*. — J.-M. ARNOULT. — d'ARNOUX DE GORGEAN. — AUBRET — (AYMON DE MONTÉPIN). — (BACHEY). — G. de BAHEZRE : étiquette. — de BAILLOT, à Dijon. — BARBIER D'ENTRE DEUX-MONTS. — (BERNARD DE LA VERNETTE). — (BERTHIER DE SAUVIGNY). — Ensemble 15 pièces.

1064. **Bèze** (Abbaye de). — Elie BOCHART (DE SARON). — Cl.-Ed. de BONA. — (BOURRÉ DE CORBERON) ; 2 variantes. — du BOUTET ; 3 variantes. — Louis BOYAT : in-8. — J.-B. de BOYVEAU. — (de BRAGELONGNE). — BRETIN. — BULLIER. — (de BULLION). — Gabriel CAMELIN (étiquette). — Ensemble 15 pièces.

1065. (**Busseuil**) (Ant. de). — (Chapel d'Estany). — (de Chastenay). — (de Chaugy). — (de Chauvelin); 2 variantes. — (Clerguet). — de Clugny. — Cochet (de Savigny). — Coqueley de Chaussepierre. — Cothenot de Mailly. — (Cottin) de La Barre de Jongy. — (Cromot). — Damas d'Anlezy. — Daugy, gr. par *Lagnel.* — Ensemble 15 pièces.

1066. (**Drée**) (de). — (Droüas de Boussey); 3 variantes. — (Du May de Pujol). — (Durand d'Auxy); 2 variantes. — Dutour-Vulliard. — (de Faletans). — (Fray); 2 variantes, dont une gr. par *Ducry.* — (Fyot de Vaugimois), gr. par *Durand.* — Michel Galliard: in-8. — (de Galbard), abbé de Ronchaux. — P.-L. Gautier. — Ensemble 15 pièces.

1067. **Grasset.** — (Gueneau d'Aumont). — Guillemart, gr. par *Durand.* — Guillod (découpure dans la légende). — Ant. Guyton. — P.-N. Hemey; 3 variantes. — Humbelot de Villiers. — (Jacquelin). — Florentin Joly, 1744. — J.-P. Joly. — (Joly de Bévy). — Mme la marquise (Joly) de Fleury. — Juillet (de Saint-Pierre). — Ensemble 15 pièces.

1068. (**La Loge du Bassin**) (de); 3 variantes. — (Le Gouz de Saint-Seine); 2 variantes (XIXe siècle). — (Le Grand de Saulon). — Le Tors de Chessimont. — (Lezay de Marnesia). — de Longchamp. — Loppin de Masse, gr. par (*Durand*). — Loppin de Montmort. — (Machéco de Prémeaux). — Gilbert Mainssonnat. — Margue; 2 variantes. — Ensemble 15 pièces.

1069. **Mascrany** (Fr.-Marie de): 2 variantes, dont une gr. par *J.-B. Scotin.* — Maton de la Varenne. — J.-B. Maurier. — Benedict Montillot. — R.-M.-J. Morand. — J.-Et.-Fr. Muteau. — Myette. — (Papillon). — (de Pechpeyrou-Comminges). — Pennet de Chaumartin. — Pierre-Claude Perrot. — Petit de Marivats. — Philipon (de la Madelaine). — (Piochard de la Brulerie). — Ensemble 15 pièces.

1070. (**Prat de La Martine**). — (Prévost de Pelousey). — (Quarré d'Aligny). — Quarré de Monay, 1776. — Richard d'Aubigny. — (Richard d'Ivry), gr. par *Fontanals,* 1809. — Richard de Ruffey; 2 variantes gr. *J.-B. Scotin.* — Richard de Vesvrotte; 2 variantes. — Philibert de Rymon, 1740. — Pierre-Ant. Robin; 2 variantes. — Fr. Roche, gr. par *Durand.* — Simon-Robert Roger. — Ensemble 15 pièces.

1071. (**Saucières de Tenance**). — (de Seyssel). — Siraudin. — Soufflot. — Taisand. — (Henri-Félix de Tassy); in-8 en largeur. — J.-Odon de Thésut. — Thévenin de Tanlay. — de Thyard (de Bissy). — Collège de Tournus. — Verchère de Reffie. — Joachim Vincent. — And. Violet. — Cl.-Ed. de Bona. — Philipon (de la Madelaine). — Ensemble 15 pièces.

BRETAGNE

1072. **Aubin** (**de Gaineru**), par *Branche*.

1073. **Chateaugiron** (N. de), par *Ollivault*.

Rare.
Belle épreuve à toutes marges.

1074. **Guerry** (C.-T.-F. chevalier de), (conseiller au Parlement de Bretagne), gr. par *Ollivault*, à Rennes.

1075. (**Guynement de Keralio**), gr. par *Brenet*, 1752.

Pièce également attribuée à *Daen de la Roche-Daen*.
Epreuve à toutes marges.

1076. (**Le Gac de Lansalut**) : in-8 en largeur, gr. à l'eau-forte.

Ex-libris militaire.
Epreuve à toutes marges.

1077. **Petitbois** (Pinot du), par *Ollivault*, 1772 ; gr. in-8.

Très jolie et très rare pièce.

1078. **Soulastre** (H.), de la Congrégation de Saint-Maur, par *Ollivault*, à Rennes.

Très rare.

CHAMPAGNE

1079. (**Fuligny-Damas**) (Marie-Gabrielle de), comtesse de Rochechouart, gr. par *Cl. Roy* : in-12.

Belle épreuve à toutes marges.

1080. — La même ; gr. par *Cl. Roy* ; in-4

Belle épreuve à toutes marges.

1081. **Villiers du Terrage**, premier commis des Finances, gr. par *Branche*.

DAUPHINÉ

1082. (**Barnier**). — 2 variantes.

1083. (**Barral**) (de), président au Parlement. — (Pierre-Fr.-Paulin de Barral de Montferrat), pièce avec attributs militaires. — Ensemble 2 pièces.

1084. **Bourcet** (de), conseiller au Parlement de Grenoble ; in-8.

1085. (**Bouvier**) **de Saint-Jullien** ; in-8.

Tirage ancien, très rare.

1086. (**Bressac**) (de) ; petit in-8.

Très rare.

1087. **Bressac**) (de), gr. par *L. Boily* ; in-4.

Rare.

1088. **Burle** (de). — 2 variantes.

1089. **Canel** (de) ; in-8.

Même composition que celle des ex-libris de *La Coste-Maucune*, *Porte d'Ambérieu* et *Pusignieu*. (Voir les nos 1100, 1113 et 1115.)

1090. **Caulet** (Jean de), évêque et prince de Grenoble, 1733 ; in-8.

1091. (**Chanrond**) (de) : in-8 en largeur.

Jolie pièce, fort rare.

1092. (**Cognioz de Clèmes**) (de).

1093. **Costaing de Pusignan**.

1094. **Du Faur-Vercours**, gr. par *J.-J. Alavia*.

1095. **Fages** (de), prêtre, gr. par *Pequet*.

1096. (**Flotte de Roquevaire**).

1097. **Grenoble** (la Charité de), gr. par *Lançon*, à Nancy ; in-8. — 2 variantes.

1098. **Grenoble** (Couvent des Frères Prêcheurs de) ; in-8.

1099. **Guyot** (Pierre), avocat au Parlement de Dauphiné.

Restauration en marge de la pièce.

1100. **La Coste-**(**Maucune**) (François de) ; in-8.

Même composition que celle des nos 1089, 1113 et 1115.

1101. (**La Croix de Chevrières**) (de). — 2 variantes.

1102. **La Porte** (**de l'Arthaudière**) (le comte de).

Rare.

1103. **La Tour du Pin de la Charce** (René François-André, comte de), brigadier des Armées du Roi, 1749, gr. par *Brenet*.

Rare.

1104. **Loras** (le comte Louis-Claude de), accolé de Gayardon.

Rare.

1105. (**Martin**) **de Disimieu** (le comte).

1106. (**Monteynard**) (le marquis de), gr. par *N. Le Mire* d'après *Ch. Eisen*.

Rare.

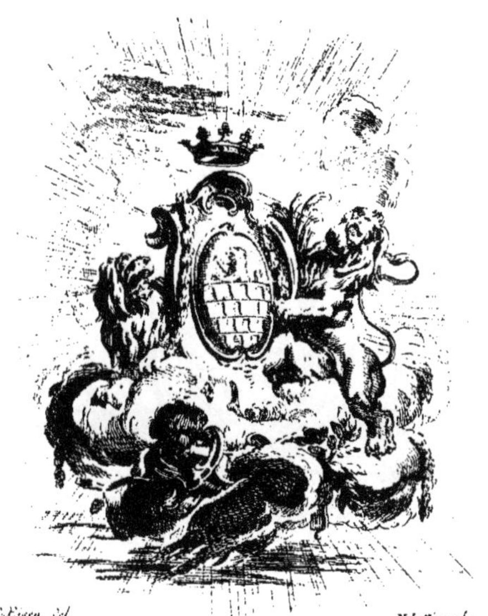

N° 1106 du Catalogue.

1107. (**Monteynard**) (Louis-François, marquis de), gr. par *J.-P. Coutellier* d'après (*Eisen*). — (Hector-Joseph, marquis de MONTEYNARD). — Ensemble 2 pièces.

1108. (**Montquin**) (de) ; ovale en largeur.

Épreuve à toutes marges. — Très rare.

1109. **Moreton-Chabrillan** (le comte de), gr. par *Traiteur*.

Rare.

1110. **Paris** (Nicolas-Joseph de), vicaire-général, 1716, gr. par *Vallet* ; évêque d'Orléans, 1733. — 2 variantes.

1111. **Paris-Duvernay** (le comte Joseph).
Rare.

1112. **Pina de Saint-Didier** (le marquis de). — 2 variantes.

1113. **Porte d'Amblérieu** (de) : in-8.
Voir les nos 1089, 1100 et 1115.

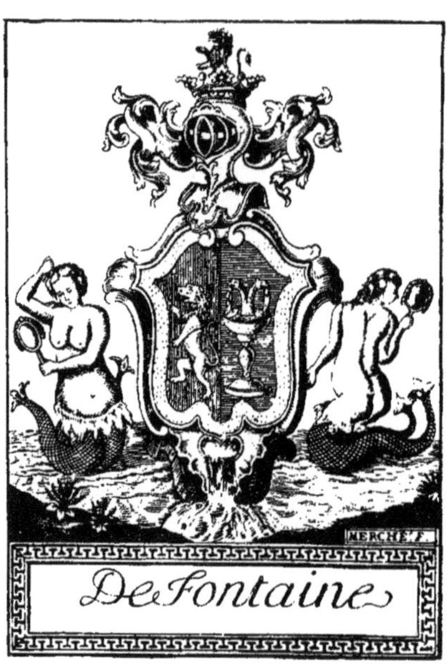

N° 1131 du Catalogue.

1114. (**Prunier de Saint-André**) (de).

1115. **Pusignieu** (Boffin de) ; in 8.
Voir les nos 1089, 1100, et 1113.

1116. **Revigliasc de Veyne** (le comte de). — 2 pièces, dont une étiquette gravée.

1117. (**Saint-Antoine de Viennois**) (Abbaye de) : grand in-4.
Très rare. — *Voir la reproduction sur la quatrième page de la couverture.*

1118. (**Séguins-Cohorn de Vassieux**) (le marquis de), brigadier des armées navales.

1119. **Tardivon** (de), curé de la Platière.

Rare.

1120. **Trivio** (de).

1121. **Vallin** (J. et C. de), chanoines de Saint-Pierre de Mâçon, gr. par *Lagnel.* — Joseph-Guy de Vallin, chanoine de Saint-Pierre de Mâcon. — (Laurent de Vallin), gr. par *D. M.* 1775. — Ensemble 3 pièces.

1122. **Albanel** (**de Cessiex**) (Etienne). — Marc-Joseph Bally ; 2 variantes. — Conte ; 2 variantes. — (Corbeau de Vaulserre). Devaulx de Crozo. — (Pic de Fassion). — (Gelly (de Montcla). — (Gratet de Dolomieu). — Antoine de Gumin. — (de Meffray). — Ensemble 12 pièces.

1123. (**Héraud**). — de Monts-Savasse. — (Mourier) d'Eurre. — Murat : 2 variantes. — (Pillury ?). — Abel-Joseph Pioct. — (J.-Fr. de Ponnat). — Abbaye de Saint-Antoine de Viennois. — Louis de Sausin ; 2 variantes. — de Vaulserre des Adrets. — Ensemble 12 pièces.

FLANDRE

1124. **Arras** (Association littéraire d'), fondée en 1738, gr. par *Nonot* ; in-8.

Belle épreuve à toutes marges.

1125. **Bertin** (accolé de Dillon), gr. par (*Merché*).

1126. **Briois d'Hulluch** (Vigor de), abbé de Saint-Vaast. — A.-J. de Briois de Sailly. — Ensemble 2 pièces in-8, gr. par *Merché*, à Lille.

1127. **Buissy** (de), gr. par *P.-P. Choffard*, 1759.

1128. **Castellain**, gr. par (*Merché*) ; in-16.

Epreuve à toutes marges.

1129. **Delepierre de Ligny**, conseiller à la Cour des Monnaies, par *Merché*

1130. **Dupuich**, par *Merché*.

Superbe épreuve à toutes marges tirée en bleu.

1131. **Fontaine** (de), gr. par *Merché* ; petit in-8.

Très rare.

1132. (**Haffrengues**) (Ch.-Hipp.-Marie d'), gr. par *Merché.*

1133. **Hôpital Comtesse** (à Lille), par *Merché*, 1753.

1134. (**Boullongne**) (de). — Armant Chevallié. — de Fauconpret de Thulus, gr. par *Helman* (cassure). — Alexis Foissey, gr. par *Thérèse Brochery.* — Lallemant de Betz. — Meurisse de Saint-Hilaire. — Nicolas Taverne. — Edmond Taverne. — Félix de Wavrans, gr. par *Merché*, à Lille — Anonyme (accolé de Du Mont de Soumagne), gr. par *Brochery.* — Ensemble 10 pièces.

GUYENNE

1135. **Bordeaux** (Musée de), gr. par *Pallière* : in 8.

Belle épreuve à toutes marges.

1136. **Filhot** (de), conseiller au Parlement de Bordeaux, par *Pallière.*

1137. **Lamourous** (de), conseiller au Parlement, gr. par *Pallière.* — 2 variantes, dont une *très rare*, avec le champ d'azur.

1138. (**Michel**), gr. par *Pallière.*

Epreuve à toutes marges. Très rare.

1139. **Polverel** (de), écuyer, avocat au Parlement. — 2 variantes gr. par *Pallière.*

Premier état : de gueules, à 3 bandes d'or. — *Deuxième état* : d'or, à 3 bandes de gueules.

ILE-DE-FRANCE

1140. **Badin de Saint-Aubin** (Pascal-Nic.-Melchior), avocat à Paris, gr. par *Chollet* ; in-18.

1141. (**Bignon**) (le marquis de), gr. par *Branche.*

Très rare.
Epreuve *avant la lettre.*

1142. **Duché**, gr. par *De Launay le jeune*, d'après *P. Marillier*, en 1779.

Charmante pièce, très finement gravée.
Légère tache dans la marge inférieure.

1143. **Gallois** (Pierre-Juvenal), seigneur de Belleville, conseiller du Roi, gr. par *Branche.*

1144. **Lambert de Villejust**, par *Brenet*; in-8.

Très belle pièce.

1145. (**Nicolay**, marquis de Goussainville), gr. par *Roy*; in-8 ovale en largeur.

Rare.

1146. (**Saint-Edmond**) (Bénédictins anglais de), à Paris, gr. par *Strange*, d'après *Ch. Eisen*.

Rare.

1147. **Vienne** (J.-T.-F. de), abbé de Bonne-Fontaine, chanoine de l'Église de Paris.

1148. (**Bachelier**). — Th. de Bordeu, doct.-méd. — Brochant du Breuil, gr. par *Mathey*. — Joseph de Canclaux. — (Colbert, accolé de David) — de Fourcy. — (Hocquart de Montfermeil). — (Le Gendre de Saint-Aubin). — Louis Loir (épreuve légèrement détériorée). — (Orry de Fulvy). — (Ruau de Tronchet). — Jacques-Olivier Vallée, gr. par *Beaumont*. — Ensemble 12 pièces.

LANGUEDOC

1149. **Auriol** (Pierre), gr. par *Baumès*.

1150. **Berchout** (sic), chanoine, gr. par *Baumès*.

1151. **Bompar d'Adge** (Jean-Simon), gr. *Baumès*.

1152. **Fossa** (F.), professeur de droit, doyen et conseiller, gr. par *Baumès*.

1153. (**Montrozier-Bardier** ?), gr. par *Brondes*; gr. in-4.

1154. (**Séguier**), gr. par *Branche*: in-8 ovale

1155. (**Joubert**). — (de Rochemore). — Louis de Sausin. — J.-Fr. Seguret. — (Varaignes), gr. par *Nonot*. — Anonyme ecclésiastique, gr. par *Baumès*. — Ensemble 6 pièces.

LORRAINE

1156. **L'Etanche** (Abbaye de), de l'ordre des Prémontrés, diocèse de Verdun, gr par (*Nicole*, dit *Benoît*), 1727.

Rare.
Epreuve à toutes marges.

1157. **Lorraine-Marsan** (le prince Camille-Louis de); grand in-8 allongé.

1158. **Millet de Chevers** (de), gr. par *Collin*, à Nancy, 1756.

1159. **Sirejean fils**, gr. par *Colin*, en 1754.

Jolie composition. — Rare.
Premier état : le nom seul dans le cartouche.

1160. **Sirejean fils du Reclus**, gr. par *Colin*, 1754.

Troisième état : Avec la date de 1764 et la mention : *Veuf en 1784*.
Très rare.

LYONNAIS, FOREZ, DOMBES

1161. **Adamoli** (Pierre), maître des ports, ponts et passages de Lyon. — 2 variantes, dont une datée de 1733.

1162. **(Albon)** (Camille-Alix-Eléonore-Marie d'), prince d'Yvetot, gr. par *Le Jeune*. — (Claude-Camille-François d'Albon), accolé de Castellane ; in-8. André-Suzanne, marquis d'Albon, maréchal de camp, 1814. — Ensemble 3 pièces, dont la première *très rare*.

1163. (**Baland d'Arnas**.)

Rare.

1164. **Basset de Chateaubourg**, ancien capitaine de vaisseau ; petit in-8.

1165. **Bastian** (François), procureur ez Cours de Lyon, capitaine lieutenant du Quartier de Rue des Trois Maries, 1740.

Rare.

1166. (**Boesse**) (Antoine-Joseph). — François Boesse de Nezy. — Ensemble 2 pièces.

1167. **Bollioud**, receveur général du Clergé de France ; in-8.

Epreuve à toutes marges.

1168. **Bonafous** (Mathieu), de Lyon, gr. par *J. Stagnon*.

1169. (**Bonnot**).

Epreuve dont les émaux ont été modifiés par un autre possesseur du nom de Giraud.

1170. **Bourlier** (Pierre-Philippe), président au bureau des finances de Lyon. — (Bourlier) d'Ailly, accolé de Puy de Rony. — Ensemble 2 pièces.

1171. **Bronod**, avocat au Conseil. — (BRONOD) DE LA HAIE, roi d'armes de France. — Ensemble 2 pièces.

1172. (**Cannac**). — P.-P. CANNAC (D'HAUTEVILLE) ; 2 variantes. — Ensemble 3 pièces.

1173. (**Caron**) (Claude), comte de Cessens. — CARROT. — Ensemble 2 pièces.

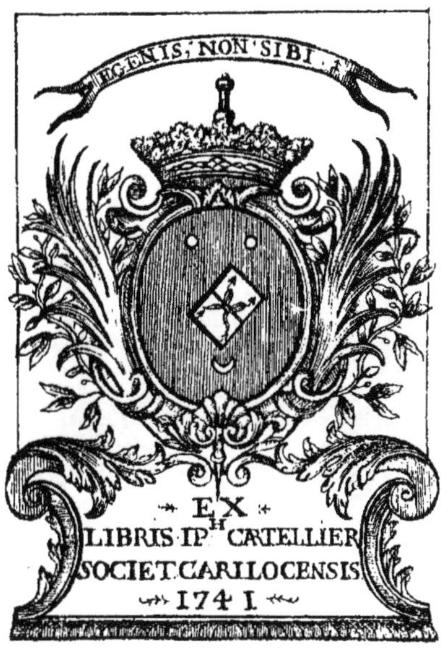

N° 1174 du Catalogue.

1174. **Cartellier** (Joseph), à Charlieu (près Roanne), 1741 ; in-8.
Très rare.

1175. **Cellier** (Cabinet littéraire de P.), à Lyon. — 2 pièces différentes, dont une gr. par *Duflos*.
Intérieurs de bibliothèques.

1176. **Chanut** (Germain), juge-mage à Saint-Trivier en Bresse. — 2 variantes.

1177. **Chappuis de la Goutte** (A.), gr. par *Mandonnet*, 1760.
Épreuve à toutes marges ; deux noms manuscrits ajoutés.

1178. **Charret** (Ennemond), gr. par (*L. Joubert*).

Jolie pièce, très rare.
Épreuve coupée au cadre.

1179. **Chol de Clercy** (François), avocat en Parlement et ancien échevin.

Epreuve à toutes marges. — Rare.

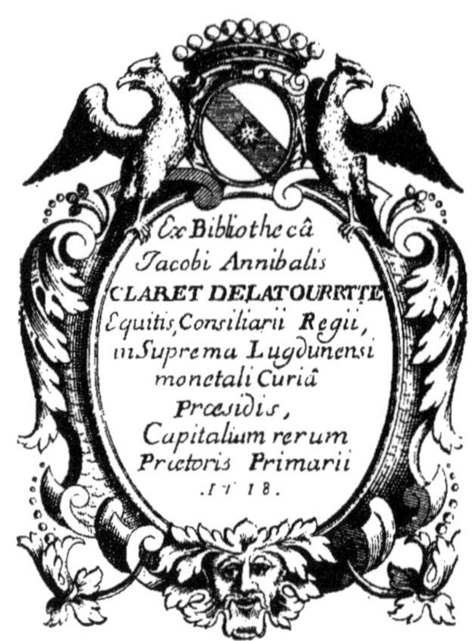

N° 1183 du Catalogue.

1180. **Christin** (Benjamin), docteur en Sorbonne. — Jean-Pierre Christin, capitaine de la bourgeoisie de Lyon, gr. par *Gentot*, 1751 ; in-8. — Ensemble 2 pièces.

Très rares.

1181. **Cinier** (Jean-Joseph). — 2 variantes, dont une gr. d'après (*Eisen*).

1182. (**Claret**) **de Fleurieu** (le chevalier). — 4 variantes, dont une anonyme.

1183. **Claret de la Tourette** (Jacques-Annibal), président à la Cour des Monnaies de Lyon ; 1718.

Très rare.

1184. **Claret de la Tourette** (Jacques-Annibal), président de la Cour des Monnaies de Lyon. — 4 variantes datées de 1719, 1740 et 1758.

1185. **Clavier** (Etienne), avocat au Parlement de Lyon ; grand in-8.
Belle et rare pièce.

1186. **Clavière** (G.). — L. Clavière, 1769. — Ensemble 2 pièces.

1187. **Colomb** (Natalis).
Pièce rarissime dont on ne connaîtrait que le présent exemplaire et celui de la Bibliothèque Nationale.
Epreuve à toutes marges.

1188. **Combles** (Jean de), Lyonnais, 1734 ; grand in-8.
Très rare.

1189. **Constant** (Jean-Baptiste), procureur général au bureau des finances de Lyon : in-8.

1190. **Cuzieu** (Denis de), capitaine de cavalerie ; in-8. — 2 variantes.

1191. **Deschamps** (François), avocat et procureur au Parlement de Lyon, 1746 et 1747. — Jacques Deschamps, chanoine de l'ordre de Saint-Antoine. — Ensemble 2 pièces in-8.

1192. **Desvignes** (Antoine), prévôt des monnayeurs de Lyon.
Rare

1193. **Devaraine** (Gabriel), gr. par *Daudet*.
Rare.

1194. **Dondain** (Jacques-Hugues), prêtre ; in-8.
Rare. Très belle épreuve.

1195. **Dugad** (Lambert-Claude), curé de Saint-Pierre et Saint-Saturnin de Lyon ; in-8.
Epreuve à toutes marges.

1196. **Dumas** (Jean-Baptiste), bourgeois de Beaujeu, 1757.
Belle épreuve à toutes marges.

1197. **Du Pré** ; in-8.
Jolie pièce ; rare.

1198. **Espinay de Laye** (Jean d') ; in-8.
Epreuve à toutes marges et intacte. — Rare.

1199. **Estival** (Joseph-Etienne), bourgeois de Lyon. — 2 variantes, dont une avec le nom gravé.
Epreuves à toutes marges.

1200. **(Foy) de Saint-Maurice** (Nicolas), président à la Cour des monnaies de Lyon. — 3 variantes, sans doute gr. *par son fils.*

1201. **Fulchiron** (Aimé-Gabriel) ; in-12.

Belle épreuve, très grande de marges, du premier des deux ex-libris reproduits dans l'*Armorial des Bibliophiles du Lyonnais.*

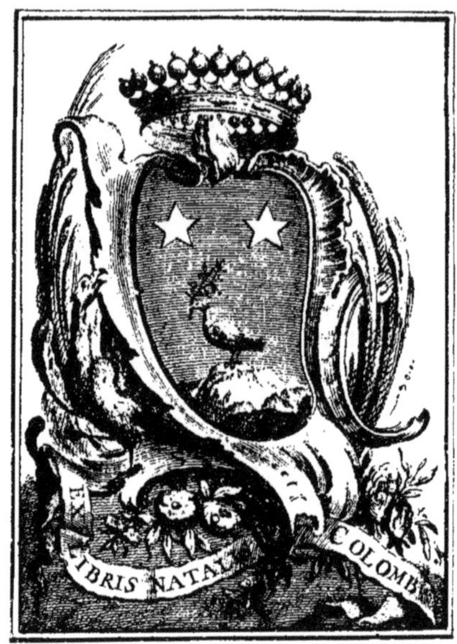

N° 1187 du Catalogue.

1202. **Fulchiron** (Aimé-Gabriel) ; gr. in-8.

Très jolie pièce à laquelle on a ajouté une étiquette imprimée de mêmes dimensions : *Bibliothèque de A. G. Fulchéron*

1203. **Fulchiron** (J.).

Ex-libris de Jean-Claude Fulchiron, député et président du conseil général du Rhône.

1204. **Gattel** (C.-M.). — 2 variantes, dont une de la période révolutionnaire gr. par *Marchand.*

1205. (**Gayardon de Fenoyl**) (Laurent-Charles de). — 2 variantes, dont une très rare.

1206. **Gayet** (Antoine), bourgeois de Lyon.

Rare.
Non cité dans l'*Armorial des Bibliophiles du Lyonnais*.

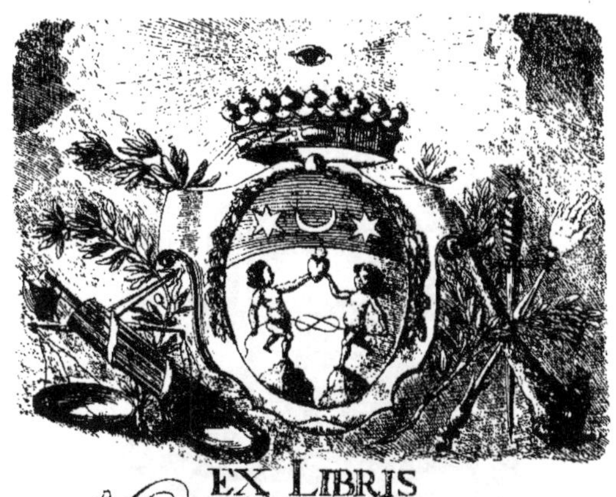

N° 1208 du Catalogue.

1207. **Gémeau** (Nicolas-François), procureur général au Parlement de Dombes, 1773; in-8, gr. sur bois.

1208. **Gémeau** (Nicolas-François), dessiné et gr. par *A. Duplessis*, à Villefranche en Beaujolais; in-4.

Superbe pièce, très rare.
Epreuve à toutes marges.

1209. **Gence** (Jean), chapelain perpétuel de l'église de Lyon ; in-8.

Rare.

1210. **Genève** (Jean-François). — Jean-Victor Genève. — Ensemble 2 pièces gr. d'après (*Boucher*).

Rares.
Même composition que celle des ex-libris de *La Chapelle* et de *Mongez*. (Voir les n°s 1223 et 1239).

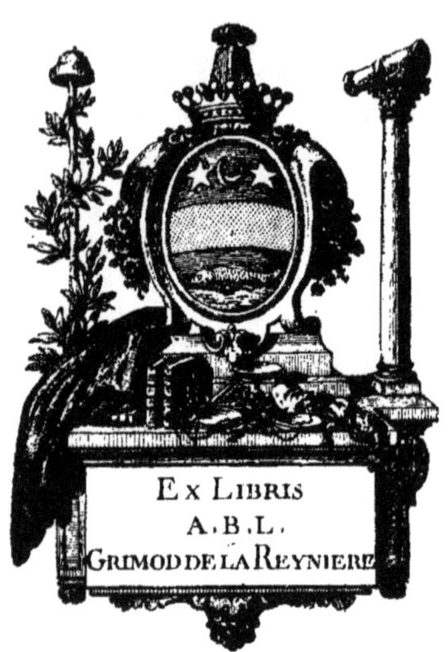

N° 1214 du Catalogue.

1211. **Gillet** (Jean-François), écuyer. 1778. — 2 états tirés en noir et *en bleu*.

1212. **Girard** (J.-A.) (prêtre de Saint-Nizier de Lyon).

1213. **Goy** (Benoît), avocat au Parlement et échevin de Lyon.

1214. **Grimod de la Reynière** (A.-B.-L.), le célèbre gastronome.

Rare et très recherché.
Voir le n° 921.

1215. (**Gros**) **de Boze** (Claude), garde des médailles du cabinet du Roi ; in-8 en largeur.

Rare.

1216. (**Guiguet de Vaurion**) (Jacques), trésorier de France.

1217. **Guynet** (**de Montverd**) (Antoine), capitaine de grenadiers au régiment de Saintonge.

Rare.

1218. (**Harenc de la Condamine**).

Rare.

1219. **Imbert** (Claude), gr. par *Mandonnet*.

Rare.

1220. **Javelle** (Etienne-Alexandre), chanoine et maître du chœur de la collégiale de Montbrison, gr. par Mandonnet.

Epreuve à toutes marges.

1221. **Juliand** (Jean), prêtre (et curé de Saint-Rambert dans l'Ile-Barbe) ; in-8.

Non cité dans l'*Armorial des Bibliophiles du Lyonnais*.

1222. (**Laborier**) (Claude-François), sieur de Serrières, conseiller secrétaire au Parlement de Dombes ; in-12 en largeur.

1223. **La Chapelle** (P.-G. de), avocat au Parlement de Lyon, gr. d'après (*Boucher*).

Rare.
Même composition que celle des ex-libris des deux *Genève* et de *Mongez*. (Voir les nos 1210 et 1239).

1224. **Laforest**. — 2 pièces.

La première de ces pièces représente un bonnet phrygien au bout d'une pique et la devise : *La Liberté ou la Mort* ! — La seconde est une étiquette avec cadre typographique.
Démophile Laforest fut notaire et maire de la ville de Lyon.
Epreuves à toutes marges.

1225. **Laisné** (Antoine-Bernard), Lyonnais (lieutenant d'artillerie au service du Roi de Sardaigne) ; in-8.

Rare.

1226. (**La Roue**) (Mme J.-B.-de), née Sibylle Richeri ; in-8.

Rare.

1227. **Le Camus** (G.-S.), gr. par (*Choffard*) ; gr. in-8.

Très belle composition, de la plus grande rareté.
Epreuve coupée au cadre. — De la collection du vicomte E. de Rozière.

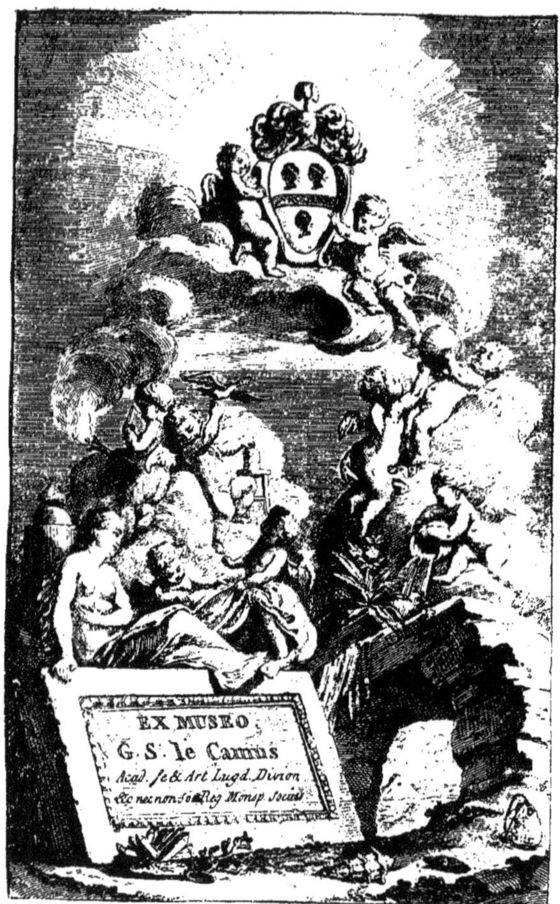

N° 1227 du Catalogue.

1228. **Le Dagre** (**du Mardereau**), (trésorier à la Cour des Monnaies de Lyon), gr. par *Roy*.

1229. **Lyon** (Augustins de) ; 2 variantes. — Institution des Chartreux de Lyon. — Prêtres des Chartreux de Lyon. — Ensemble 4 pièces.

1230. **Lyon** (Carmes déchaussés de) ; 2 variantes. — Grands Carmes de Lyon, 1769 ; in-8 à toutes marges. — Ensemble 3 pièces.

1231. **Lyon** (Chapitre des Comtes de). — 2 variantes, dont une anonyme grand in-4, gr. par *Seraucourt*.

1232. **Lyon** (Couvent des Frères Prêcheurs de) ; in-8.

Rare. — Légère restauration.

1233. (**Madières de Vernoille**), gr. sur bois.

Pièce de toute rareté, non citée dans l'*Armorial des Bibliophiles du Lyonnais*.
Epreuve à toutes marges, tirée en rouge.

1234. **Marbeuf** (Yves-Alexandre de), évêque d'Autun.

Très jolie pièce, non citée, et de la plus grande rareté.

1235. (**Maritz de la Barolière**) (Jean), directeur de la fonderie de Lyon.

Epreuve à toutes marges.

1236. **Michon** (Léonard), trésorier de France et échevin de Lyon. — 2 variantes.

1237. **Mogniat de Conflans** (César), greffier en chef de la Cour des Monnaies de Lyon ; in-8.

Rare.

1238. **Mongez** (J.-A.), chanoine régulier de Sainte-Geneviève, né à Lyon en 1751.

Jolie pièce.
Epreuve à toutes marges.

1239. **Mongez** (Louis), bourgeois de Lyon, père du précédent, gr. d'après (*Boucher*).

Rare.
Même composition que celle des ex-libris des deux *Genève* et de *La Chapelle*. (Voir les nos 1210 et 1223).

1240. **Monspey** (de) ; in-12 en largeur.

Ex-libris maçonnique de Pierre-Paul-Alexandre de Monspey, officier de cavalerie. — Très rare.
Belle épreuve, très grande de marges.

1241. **Montmea** (Jean-Etienne) ; in-12 en largeur.

1242. **Morand**, architecte, gr. par *de Lafosse* d'après *Mettay*. 1758 ; petit in-4.

Belle épreuve, tirée à la sanguine, d'une très rare et très jolie pièce.

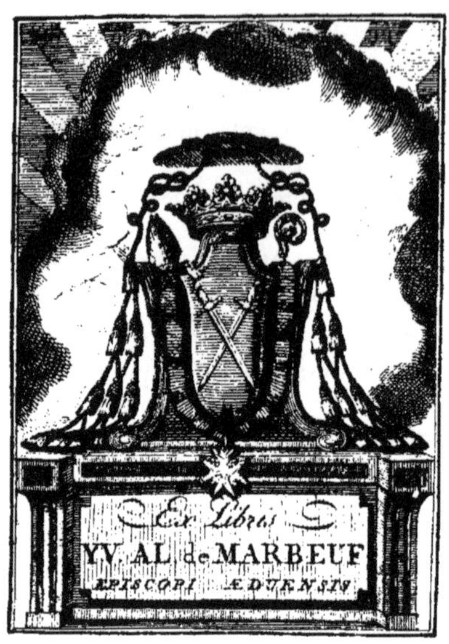

N° 1234 du Catalogue.

1243. **Morel d'Epeisses** (Fr.). — François MOREL DE RAMBION, 1745. — (MOREL DE VOLEINE) ; in-4 en largeur. — Ensemble 3 pièces.

1244. (**Neufville de Villeroy**) (Gabriel-Louis-François, duc de), gouverneur de Lyon, gr. par *Mandonnet* ; grand in-4.

Très belle pièce. — Rare.

1245. **Neyrat** (Antoine). — Camille NEYRAT. — (NEYRAT), anonyme non cité. — Ensemble 3 pièces.

1246. **Nompère** (**de Pierrefite**), lieutenant-colonel de cavalerie.

Epreuve à toutes marges. — Rare.

1247. **Ollivier** (André-Marie), gr. par *Duflos* ; in-8.

Très jolie et très rare pièce.

1248. **Paulze** (Jacques), avocat en parlement et au bailliage de Forez, par *Stallin*.

Epreuve à toutes marges. — Rare.

1249 **Périer** (François-Louis-Joseph), juge et président au siège présidial de Forez.

Epreuve à toutes marges.

1250. (**Planelli de Mascrany de la Valette** (Laurent), dit M. DE CHARLY — 2 variantes : in-12, gr. sur cuivre et in-8, gr. sur bois.

1251. (**Planelli de Mascrany de la Valette**) (Laurent) ; grand in-4, gr. sur cuivre.

1252. **Renaud** (Jacques), de l'ordre des Frères Prêcheurs de Lyon ; in-8.

Rare.

1253. **Riboud (des Avinières)** (Jean-Bernard), conseiller de Bresse.

1254. **Rigod** (Aimé-Julien) ; in-8, à toutes marges. — André-Julien RIGOD, son fils. — Ensemble 2 pièces.

1255. **Rocher** (Claude), secrétaire du Chapitre de Lyon, gr. par *Seraucourt*, 1747 ; grand in-8.

1256. **Rolichon** (Antoine), prêtre à Lyon, gr. par *Pariset*.

Très rare, surtout avec la signature du graveur.

1257. **Romanans** (Michel de).

Le nom du titulaire, payeur du parlement de Dombes, est manuscrit.

1258. **Rosier de Magnieu** (du).

Epreuve ancienne, à toutes marges. — Très rare.
On y a ajouté une épreuve moderne de l'ex-libris du Vicomte du Rosier de Magnieu.

1259. **Rouveyre** (Pierre-Joseph), docteur en droit.

Epreuve à toutes marges.

1260. **Rozier**, dessiné et gravé par *Billé*.

Ex-libris de l'abbé François Rozier, chanoine du chapitre de Saint-Paul de Lyon.

1261. **Ruffier** (Claude), trésorier de France à Lyon. — 2 variantes in-12 et in-4.

1262. **Saint-Charles** (Séminaire), à Lyon. — 3 variantes in-8 et petit in-4.

1263. **Saint-Irénée** (Séminaire), à Lyon, gr. par *Tardieu fils* ; in-4 en largeur.

Tirage ancien ; rare.

1264. **Saint-Irénée** (Séminaire), à Lyon. — Réunion de 2 étiquettes et 4 ex-libris dont un gr. par *Durand* et un in-4 par *Tardieu fils.*

1265. **Saphoux** (Barthélemy) ; in-8.

1266. **Saulnier du Lac.** — SAULNIER DU LAC DE LA TOUR ; 2 variantes. — Hector (SAULNIER) DU LAC fils ; 2 variantes. — SONYER DU LAC. — Ensemble 6 pièces, dont trois tirées en bleu.

1267. **Sautereau-Montessuy** (Mme de) ; in-12 en largeur.

1268. **Sonyer-Dulac** (Denis), docteur-médecin à Saint-Didier en Velay et à Saint-Etienne.

Rare.

1269. **Souchay** (directeur de l'Ecole de dessin) de Lyon, gr. par *Choffard*, d'après *C. Monnet*, en 1776 ; in-8.

Très belle épreuve à toutes marges de cette pièce recherchée.

1270. **Souchay** (P.-H.) gr. par *de Boissieu* ; in-8 en largeur.

Superbe épreuve à toutes marges de cette très rare pièce.

1271. **Soubry** (J.-A.-L.), trésorier de France, à Lyon ; in-8.

1272. (**Talaru**) (Louis de), marquis de Chalmazel.

Pièce très rare et non citée.
Voir la reproduction sur le titre du catalogue.

1273. **Terrier** (Jean-François), architecte à Lyon.

Epreuves à toutes marges.

1274. **Tours** (Cl.-Ant. de), avocat au Parlement de Forez. — 2 variantes, dont une gr. par *Mandonnet*, l'autre par *Montagny*.

Epreuves à toutes marges.

1275. **Trolieur de la Vaupierre** (J.-Guill.), écuyer.

1276. (**Trollier de Poncié de Messimieux**) (Antoine), conseiller à la Cour des Monnaies de Lyon.

Rare.

1277. **Valous** (Camille de), capitaine de vaisseaux ; petit in-8 en largeur.

Charmante composition. — Rare.

1278. (**Yon de Jonage**) (César-Antoine), lieutenant-colonel d'artillerie.

Epreuve à toutes marges.

1279. (**Albon**) (le comte d'). — (Ant. d'Amanzé-Chauffailles). — Baillard du Pinet, 1759. — Basset (de Chateaubourg). — Bénéon de Riverie). — J.-L. Béraud. — Ant. Bergiron. — J.-M. Bissuel. — (Bonnot). — J.-B.-Ant. Bouillet d'Arlod. — (Bourgeois de Boynes) ; 2 variantes. — (Jean-Claude de Bullioud). — (Jacques de Campredon), gr. par *C. D.* — Camus de Pontcarré de Viermes. — Ensemble 15 pièces.

1280. **Cannac** (P.-P.). — (Quirin de) Gazenove. — Félix de Chalut. — (de Chandieu-Villars). — Chanorier, gr. par *de La Laune*. — (Cholier de Cibeins). — Claret de la Tourette, 1719. — (Claret) de Fleurieu ; 2 variantes. — (de Colomb). — Constantin. — Corréard, docteur-médecin. — (Courtin de Rilly). — (Cusset). — Benj. Delessert. — Ensemble 15 pièces.

1281. **Desfours**. — Duguet. — J.-Fr. Escalle. — Jos.-Et. Estival. — Michel de Faultrières, gr. par *Ferrand*. — (Flurant de Rancé) ; 2 variantes. — Gaultier de Montgeroult. — Ant.-Nic. Gavinet. — J.-Fr. Gillet, 1778. — Gabriel de Glatigny. — (Godinot ?). — Augustins de Lyon : 2 variantes. — (Prêtres de Saint-Irénée, à Lyon). — Ensemble 15 pièces.

1282. **Gonon de Saint-Fresne**, gr. par *L. Jalet*. — Jean-Louis Gourgas, gr. par *P. L.* (*Pierre Légaré*). — Benoît Goy. — Grumet, docteur-médecin. — Guignard de Saint-Priest. — (d'Hostun), 1782. — A Houbigant. — de Laferrière. — Claude de Lafont. — de La Roche-Lacarelle (XIXe siècle). — Le Clerc, 1800. — de L'Horme de Lille. — Macors. — de Marbeuf. — Jacques Mey, par *Mandonnet*. — Ensemble 15 pièces.

1283. **Morand** (le chevalier). — Morand de Jouffrey. — Mouton de Fontenille : in-8. — (Le comte Abel de Moyria-Chatillon). — de Neufville de Villeroi, archevêque de Lyon. — Camille Neyrat. — Notre-Dame Saint-Louis : 2 variantes. — (Noyel de la Noerie) ; 2 variantes. — Peysson de Bacot. — Poncet de la Grave. — Le marquis de Pons. — de Ponsainpierre. — Poultier. — Ensemble 15 pièces.

1284. **Praire** (Joseph). — Pierre Pupil. — Remilhe. — (Le comte Richard de Soultrait), XIXe siècle. — de Riverieulx de Varax. — Saunier du Lac. — (Sauvage) des Marches (XIXe siècle). — Joseph Steinman. — (Tavernier). — Jacques Terrasson. — (Thomé de Ferrières). — Vaivolet, gr. par *Galle*. — (Joseph Valentin). — Le marquis de Vichy ; 2 variantes. — de Ville (de la Boullacé). — Ensemble 16 pièces.

1285. **Etiquettes**. — Réunion de 14 pièces, gravées ou typographiées et ornées d'encadrements.

Compain (don au Couvent des Jésuites de Lyon). — Jos. Courbon. — Duguet. — F. Germain. — J. Journel. — Paul Majors. — J.-B. Mardcel ; 2 variantes. — Jacques Mey. — Camille de Neufville. — F.-G. Petit. — Louis de Puget. — Jean Riché. — Terray.

NIVERNAIS

1286. (**Lucenay**) (de). — 2 variantes, dont une gr. par *Roy*.

1287. (**Pucelle**) (René), abbé de Saint-Léonard de Corbigny, gr. par *Tardieu fils*.

NORMANDIE

1288. **Guenet de Louye** (Mlle L.-E.), prieure des Filles-Dieu de Rouen.

1289. (**Le Chandelier**.)

Epreuve à toutes marges ; petit raccommodage dans la marge de droite.

1290. **Boullenger de Mezilcourt**. — Du Moustier de Cancy ; 2 variantes. — (Ficquet du Boccage), gr. par *Gamot*. — Haillet du Fossé. — Langlois de Louvres ; 2 variantes, dont une gr. par *Villers*. — (Le Veneur) de Tillières. — (Morin de Mondeville). — Ensemble 9 pièces.

ORLÉANAIS

1291. (**Harville des Ursins**) (Claude-Esprit Jouvenel de), marquis de Traisnel, maréchal de camp, gr. par *Stagnon* ; grand in-4.

1292. **Lambert de Cambray**, gr. par *P. Q. C.* (*Pierre-Quintin Chedel*).

Mouillure.

PROVENCE

1293. (**Cabanes**) (de). — (Caze de la Bove). — L'abbé de Gallifet. — (Le marquis de Vento). — Ensemble 4 pièces.

1294. **Montmajour** (Abbaye de), près d'Arles, par *Brupacher*, 1765; in-8.

TOURAINE

1295. (**Albert de Luynes**, duc de Chevreuse) (d'), gr. par *Roy*.

Premier état : Armes simples; *10 drapeaux*.

1296. — Le même, gr. par *Roy*.

Deuxième état : Armes simples; *18 drapeaux*.

1297. — Le même, gr. par *Roy*.

Troisième état : Armes complètes; colliers du Saint-Esprit et de Saint-Michel : *20 drapeaux*.

1298. (**Richelieu**) (Louis-Fr.-Armand Du Plessis, duc de), maréchal de France, gr. par *Stagnon*; grand in-4,

Epreuve à toutes marges.

PROVINCES DIVERSES

1299. **Anonyme**. (*D'azur, à la fasce d'or accompagnée en chef de deux quintefeuilles et en pointe d'une canette?*), gr. par *P. Campion*.

Charmante pièce.
Epreuve *non tachée*, très rare.

1300. **Anonyme**. (*D'azur, au pélican d'or accompagné en chef de 2 étoiles d'argent et en pointe d'un croissant*) avec la devise : *Sic pietas ad sidera tollit* ; in-8.

Epreuve à toutes marges.

1301. **Anonyme**. (*D'azur, à 3 piquets ? d'or*), gr. par *P. Tanjé*, d'après *L. F. D.* (*Louis-Fabrice-Dubourg*).

Charmante composition, très finement gravée.

1302. **Anonyme**. (*De gueules, au chevron accompagné en chef de 3 étoiles rangées en fasce, et en pointe d'un lion, le tout d'or*). — 2 variantes petit in-8, l'une avec ces armes sur le tout, l'autre sur écartelé 1 et 4.

1303. **Anonyme.** (*D'hermine, au chef d'azur chargé de 3 fleurs de lis d'or*; l'hermine est en outre chargée d'un écusson *d'or, au lion de gueules couronné*) ; in-12 en largeur.

Charmante pièce.

1304. **Anonyme.** (*Coupé d'argent à 5 mouchetures d'hermine et de sable à 5 besants d'argent*), gr. par *J. Ingram*, à Paris, 1742; grand in-8.

Pièce fort rare.
Superbe épreuve, à toutes marges et *avant la devise.*
Voir la reproduction à la page 19.

1305. **Anonyme.** (Armes écartelées d'un ambassadeur d'Espagne à Paris ?) gr. par *Roy*.

Pièce de la plus grande rareté.
Epreuve à toutes marges tirée de format in-4.

1306. (**Bouy**) (le marquis du), en Limousin, gr. par *Roy* ; in-8.

Très belle pièce.

1307. **Camus,** avocat au Parlement ; in-16.

Charmante petite pièce.

1308. **Camus de Filain** (Antoine-Ignace de), abbé de Clairefontaine, chanoine de Besançon en 1729, gr. par *Bouchy*, à Besançon, en 1732; in-8.

1309. **Formentin** (Daniel), avocat à Abbeville, gr. par *Chollet.*

1310. **Hamare de Laborde** (Nic.-Gat.), avocat au Parlement, 1765, gr. par *Cl. Roy*; in-8.

Très rare.
Belle épreuve à toutes marges.

1311. **Jarry** (R.), gr. par *Brenet.*

Jolie composition.

1312. **Le Maire,** par *Brenet.*

1313. **Raby** (J.-C.), (accolé d'Isnard de Castello), gr. par *Stagnon.* — 2 états, dont un avant la lettre.

1314. **Rouher** (Denis-Gilbert), abbé du chapitre d'Artonne, curé de Chaptuzat (Puy-de-Dôme), gr. par *Dapsol*, 1787.

1315. **Saint-Marsan** (le marquis Asinari de), gr. par *Stagnon le fils*, à Paris.

Rare.
Très légère restauration à l'un des angles inférieurs.

1316. **Sibert** (Jean), conseiller du Roi.

1317. **Vermonnet** (J.-J. de), fermier du Roi, gr. par *Branche*.

Très rare.

1318. (**Albert d'Ailly**,duc de Chaulnes). — Ancelot. — (Bachelier du Pinier). — de Bauclas. — Antoine Bergiron. — Bidault. — Madame de Bouchard, dessiné et gr. par *Augustus*. — Le baron de Breteuil. — (le comte de Broussel). — Toussaint Bullier, avocat. — de Cailly. — (de Chastenay). — Clary de Saint-Angel. — P. Cochon, docteur-médecin. — Antoine Cormond. — Ensemble 15 pièces.

1319. (**Costa de Beauregard**). — Delisle. — (Du Plessis de Chatillon). — L'abbé Durand. — (Le chevalier Gabriel-Et.-Hipp. Durant). — (Galbard, abbé de Ronchaux). — Gavinet. — (Grangier). — (de Haussy). — J.-Fr. Jannart (de Mèdemanche). — (de Klinglin). — de Labastie. — Mme la duchesse de Laforce (née d'Ossun). — Le baron de La Roche-Lacarelle. — Ensemble 14 pièces.

1320. **Lacour** (Michel de), 1727 ; in-8. — (de La Trémoille), épreuve légèrement maculée. — J.-B. Le Boiteulx. — Le Clerc, 1806. — Le Marcis. — de L'Epinay (épreuve restaurée). — Augustins de Lyon (raccommodage). — (Machéco de Prémeaux). — de Maridort, gr. par *Chabany*. — (de Maugue d'Ennezat). — Michau de Montaran. — Mouton de Fontenille ; in-8. — Myette. — Nicolas-Joseph de Paris, évèque d'Orléans, 1733. — Ensemble 14 pièces.

1321. (**Pecquot**) **de Saint-Maurice** ; in-8. — Fr. Petit. — Le marquis de Pons. — Remilhe. — Sanlot. — Nic.-L. Tournay. — (de Trois-Vallées). — de Vaivolet. — (Valentin). — de Vaulserre des Adrets. — de Veimerange. — Verchère de Reffie ; in-8. — (Bachelier du Pinier). — Gavinet. — Ensemble 14 pièces.

1322. **Anonymes**. — Réunion de 17 pièces, dont six in-8 et trois gr. par *Gamot*, *Noël* et *Tubert*.

1323. **Anonymes**. — Réunion de 16 pièces.

1324. **Anonymes**. — Réunion de 16 pièces.

SUISSE

1325. (**Chambrier**) (Jean-Pierre de), seigneur d'Oleyres, gr. par *A.-M. Stagnon*.

1326. **Tronchin** (Jean-Armand), gr. par *P.-P. Choffard*, en 1779.

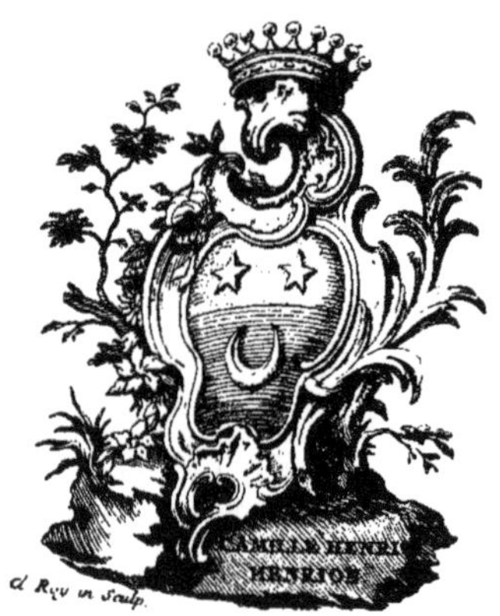

N° 1022 du Catalogue.

N° 1352-XVII

Tours, imp. Tourangelle, 20-22, rue de la Préfecture.

EM. PAUL ET FILS ET GUILLEMIN
Libraires de la Bibliothèque Nationale
28, RUE DES BONS-ENFANTS, 28

TABLE ALPHABÉTIQUE

DES NOMS DE FAMILLES ET DE SEIGNEURIES

CITÉS DANS LES QUATRE VOLUMES

de l'Histoire Héroïque et Universelle

DE LA

NOBLESSE DE PROVENCE

PAR ARTEFEUIL

DRESSÉE PAR

LE VICOMTE ERNEST DE ROZIÈRE

Blois, 1901, beau volume in-4 de vii, 144 et 163 pages, sur papier vergé, illustré d'une planche contenant 9 blasons, broché. (*Publié à 30 francs*). . . . . **15 fr.**

Important travail, indispensable aux collectionneurs d'ex-libris et de généalogies des familles de Provence. Il renferme la réimpression du tome IV du *Nobiliaire* qui manque à la plupart des exemplaires : la *Liste des familles qui ne se trouvent pas rapportées dans l'Histoire héroïque de la Noblesse de Provence* ; la *Table et l'Armorial du Nobiliaire de Provence*, avec la description des armoiries de chaque famille.

Tours, imp. Tourangelle, 20-22, rue de la Préfecture

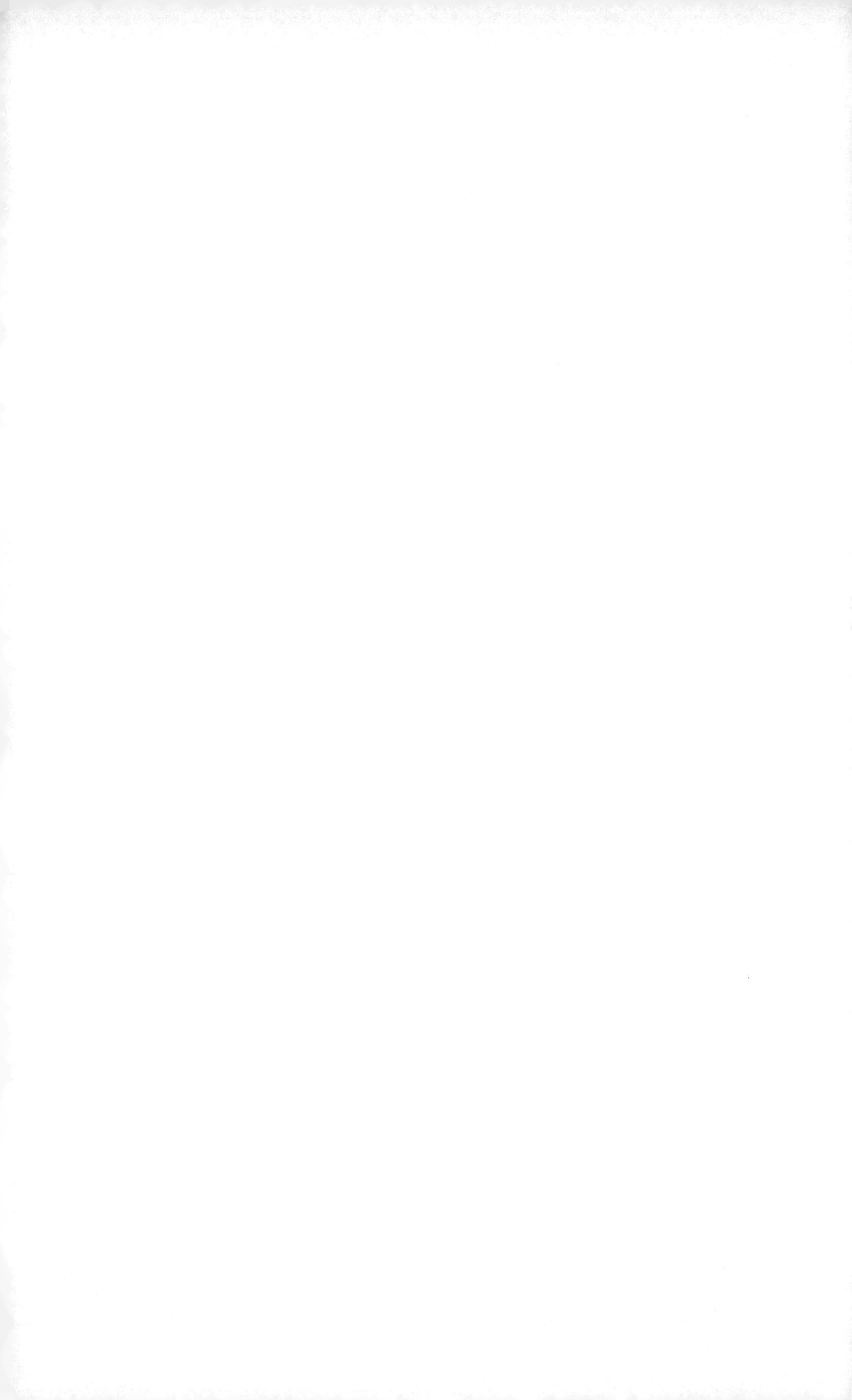

www.ingramcontent.com/pod-product-compliance
Ingram Content Group UK Ltd.
Pitfield, Milton Keynes, MK11 3LW, UK
UKHW020434180726
13839UKWH00003B/1498